SFアニメと戦争

SF Animation and War

防衛省防衛研究所 防衛政策研究室長
高橋杉雄

まえがき

筆者は大のアニメファンである。見る側を没入させる色彩と動きと音楽が織り成す、アニメーションという表現技法それ自体が大好きだ。よく工夫された動きにはそれだけで魅せられるし、最新のアニメ技術による色彩の美しさはもちろん、それと組み合わされた動きや表現にもとにかく惹きつけられる。コミックも読まないわけではないが、ほとんどはアニメを先に見て、それからコミックを読むというパターンだ。

「クールジャパン」という言葉が使われて久しいが、アニメはその中でも不可欠な地位を占めている。アニメは長い間、日本でも海外でも「子ども向け」の映像作品と見なされてきたが、日本のアニメは独自の発展を遂げ、大人のアニメファンも数多くいる。現代の日本の大人であれば、ほとんどの人にとって思い出のアニメと呼べる作品があるだろう。単に思い出というだけでなく、大人になってからも視聴している人も少なくない。２０２４年の前半でも『葬送のフリーレン』や『薬屋のひとりごと』、そして劇場では『機動戦士ガンダム SEED FREEDOM』や『ハイキュー!! ゴミ捨て場の決戦』『名探偵コナン

１００万ドルの五稜星《みちしるべ》』などが人気を博したが、これらの作品の視聴者や観客の多くが大人である。今やアニメファンであることを公言する大人が白眼視されることはない。

ただ、大人がアニメファンであることを口にできるようになったのはそれほど昔のことではない。１９７２年生まれの筆者は様々なアニメを見て育ってきた。『宇宙戦艦ヤマト』や『機動戦士ガンダム』は幼稚園から小学校に入った時期で文字通り「子ども」として視聴していたし、『超時空要塞マクロス』は小学４年生、ガンダム第2作である『機動戦士Zガンダム』は中学1年、『機動警察パトレイバー』は高校2年生で、『新世紀エヴァンゲリオン』初回放送時は大学４年生だった。中高生くらいの頃は、「トレンディドラマ」を見るのがいっちょまえのティーンエイジャーの証みたいな意識を持つ友人が増えていて、アニメファンは「暗い」というレッテルを貼られがちな時期であった。もちろん当時でも、宮崎駿やスタジオジブリの作品、あるいは人気マンガのアニメ版を見る人は少なくなかった。たとえば、鳥山明原作の『Dr. スランプ アラレちゃん』や『ドラゴンボール』、世界中の多くのサッカー選手が子どもの頃に見ていたとされる高橋陽一原作の『キャプテン翼』、高橋留美子原作の『うる星やつら』や『めぞん一刻』、あだち充原作の『タッチ』、少女マンガの池野恋原作の『ときめきトゥナイト』や、さくらももこ原作の『ちびまる子ちゃん』など多くの人気作品がある。しかし、それ以外の、特に原作を伴わないSFアニメについていえば、熱心なファンはいるものの幅広い市民権を得られたとはいえなかった。

その頃のＳＦアニメファンは、同好の士を見つけるとある種の秘密結社のような意識を持ちながら密やかに趣味を語り合う存在でもあった。

個人的な実感としていえば、そうしたイメージが払拭され、アニメファンであることを公言できるようになったのは『新世紀エヴァンゲリオン』の人気が高まってからである。その頃、アルバイト先で、およそアニメを見そうにない後輩の女性たちが、熱心にエヴァンゲリオンの話をしていて驚いたことがある。最初のテレビシリーズ放送時、特にあの最終回をリアルタイムで見ていた筆者にとっては、エヴァンゲリオンが幅広い視聴者層を持つようになるとは微塵も考えていなかったし、ましてや現在に至るまで広く人気を得る作品になるとは予想もしていなかった。しかし、再放送以来爆発的に人気が高まって社会現象化していったのは周知の通りである。主題歌「残酷な天使のテーゼ」がカラオケで人気曲になったこととも相まって、エヴァンゲリオンの人気の広がりに合わせるようにアニメの受容度が高まり、大人であってもアニメファンであることを公言できるようになったと感じている。

日本のアニメ作品の主題は、友情や仲間との連帯、恋愛やラブコメ、ファンタジーや伝奇ものから戦争まで多岐にわたる。アニメーションならではの作画の美しさやダイナミックな動きの描写はもとより、複雑なストーリーやキャラクターの内面の繊細な描写、またエンターテインメントとしての娯楽性の高さなど、日本のアニメーションの中に高度な作品性やある種の文学性を備える作品が数多く現れたことがアニメの視聴者層を広げてきたといえる。

こうした流れに大きく貢献したのが、戦争を描いてきたSFアニメである。中でも『宇宙戦艦ヤマト』や『機動戦士ガンダム』はアニメの人気を一際高め、アニメというコンテンツが日本の社会の中で一定以上の地位を占めるために非常に大きな役割を果たしてきた。

筆者はアニメファンであると同時に、現代軍事戦略を専門とする国際政治学者でもある。ただ、自分は国際政治学者になるずっと前からアニメファンだったのであり、普段はアニメファンの自分と国際政治学者としての自分は完全に区別していて、国際政治学を当てはめてアニメを見るようなことはない。逆もまた然りである。しかし、本書の執筆にあたり、国際政治学のレンズを通してSFアニメで描かれている戦争を見ると、現実の戦争のダイナミクスとの間に大きなギャップがあることに改めて気付かされた。

もちろん、SFアニメは報道でもドキュメンタリーでもなく商業作品としての創作であり、戦争を描くことそれ自体が目的なわけではない。多くのSFアニメは登場人物たちが織りなす群像劇であり、その中での主人公たちの成長が主題である。いってみれば、戦争は彼らの成長を描く上での舞台装置でしかなく、国際政治学における議論に忠実に戦争を描くことは目的ではないし、そもそもその必要もない。

誤解を恐れずに言い切ってしまえば、『キャプテン翼』がサッカーを舞台装置とした大空翼や日向小次郎たちの成長物語であるのと同様に、『機動戦士ガンダム 水星の魔女』は戦争を舞台装置としたミリオネ・レンブランやスレッタ・マーキュリーたちの成長物語なのである。

ただし、SFアニメが広く視聴されるようになり、社会にある程度の影響力を持つようになっている今では、創作だからといって、現実世界の戦争のダイナミクスを完全に無視したかたちで戦争を描いていくことは好ましくないように思われる。実際、劇中で描かれている戦争のさなかで生き抜こうとする主人公たちの苦闘に触れていく中で、アニメを通じて戦争を感じたり、あるいは知ったつもりになる視聴者は少なくないように感じられるからだ。

SFアニメの中では、劇中で展開する戦争を終わらせるために何が必要か、といったことを登場人物たちが考え、行動していく場面が描かれていくこともある。そうなると視聴者も、同じような行動をとることで戦争の可能性を減らすことができると感じてしまうかもしれない。しかし、戦争を終わらせ、かつ平和への道筋を主題に含めてSFアニメを作ろうとするならば、戦争の原因や終結のダイナミクスをきちんと理解した上で創作世界を組み上げていくことが望ましい。戦争は現実の世界で発生している社会現象であり、それを防ぐための問題意識を強く持って進められてきた研究は数多くある。創作世界であっても、それらの研究の的を外すかたちで戦争を描いてしまったとすれば、結局は現実世界における戦争の理解を誤らせてしまう可能性があるからである。

本書では、そうした観点から、ＳＦアニメで描かれている戦争について、国際政治学における安全保障論の視点から分析を行う。繰り返すが、ＳＦアニメに描かれている戦争と安全保障論で研究されてきた戦争との間にはいくつもの重要なギャップがある。ただ、それには理由があることが多い。このギャップを把握していくことで、現実世界の戦争についても理解を深めていくことができるだろう。その意味で本書は、ＳＦアニメを戦争論の視点から評論するのと同時に、国際政治学の一分野である安全保障論の入口としても読んでいただけるように書いたものでもある。

言うまでもなく、これまでも多くのアニメ評論が行われてきた。本書は、それらと同様に文化評論というかたちでＳＦアニメを分析しようとするものではなく、あくまでそこに描かれている戦争を手がかりに考察を進めていこうとするものである。その点から、過去のアニメ評論の先行研究をあえて踏まえずに分析を進めていることをあらかじめ記しておきたい（※）。そのため、クリエイターそれぞれの背景には踏み込まず、あくまでも作品に描かれた戦争について読み込むかたちをとる。また、本書が題材とするのは基本的にＳＦアニメであり、当該作品の原作コミックや、アニメ版とは違うストーリーで展開したコミック版などは原則として対象としない。『機動警察パトレイバー』のように、コミック版とアニメ版とが並行してメディアミックス的に展開した作品の場合もアニメ版のみを対象とする。

まず第1章では、総論的に、特に日本のSFアニメが「子ども向け」から脱却した要因に着目して、いくつかの作品における戦争の描かれ方について論じる。第2章では、国際政治学の視点から見た戦争とSFアニメとの間のどのあたりにギャップがあるかを示し、SFアニメは商業作品としての創作であると割り切って消化すべきであると論じる。それらを踏まえ、第3章では、SFアニメで描かれてきた戦争について、様々な作品に触れながら概括する。第4章では、SFアニメにおける兵器について、戦闘艦艇、機動兵器、核兵器、巨砲兵器に触れながら考察する。第5章では、現実世界でも役割が大きくなりつつある人工知能が、SFアニメの中でどのように描かれているかについて論じる。そして第6章では、人気作品である宇宙戦艦ヤマトシリーズ、ガンダムシリーズ、マクロスシリーズ、エヴァンゲリオンシリーズに絞って、それぞれの作品中で描かれている戦争について考察する。なお、言うまでもないことだが、本書に書かれている見解は筆者個人のものであって、所属する組織をいかなる意味でも代表するものではない。

原則としては順番に読み進めていただければとは思うが、兵器に関心が深い読者であれば第4章から、人工知能に興味がある読者であれば第5章から、個別の作品が好きな読者なら第6章から読んでいただいてもいいと思う。その上で、文中で言及している概念について興味を持たれたなら、第1章や第2章を読んで理解を深めていただければいいだろう。

日本のＳＦアニメは今や巨大なジャンルとなっており、『∀ガンダム』で使われた「黒歴史」という言葉がもはやアニメファン以外にも一般名詞として使われているように、現代日本人の生活に深く浸透している。筆者もそんな現代日本人の1人である。本書は、たまたま国際政治学者となったアニメファンが、国際政治学者としての知識を用いて、自分の好きなＳＦアニメ作品を評論してみたものである。それぞれの人にアニメにまつわる思い出があり、好きな作品がある。本書を手に取っていただいた方には、こうしたアニメの見方もあるのだと思って、次のページから、50年近いＳＦアニメの歴史を筆者とともに振り返っていただければ幸いである。

※たとえば、藤津亮太『アニメと戦争』（日本評論社、２０２１年）がある。ただし、当書は第2次世界大戦との関係を考察したもので、戦争一般との関係を考察した本書とは扱う範囲が異なる。

目次

第1章

SFアニメが描いてきた戦争の「リアリティ」

現代の日本のポップカルチャーを語る上で、アニメは不可欠の地位を占めている。2010年代には2000本を超えるアニメが制作されており、かつての「アニメオタク」という言葉に若干込められているように感じられた蔑みの響きは今では著しく希薄化した。これは自然発生的な現象ではなく、多くの優れたクリエイターたちが作り上げてきた作品が、人々に鮮烈な印象を残してきたからこそ進んだ流れであるといえる。特に、様々なかたちで戦争を扱ったSFアニメの影響は非常に大きい。ここではそれを分析してみる。

具体的には、様々な作品の中で戦闘が「リアル」に描写されてきたこと、「正義」が「相対化」されて戦争が描写されたこと、「絶望」と「希望」との関係が複雑に描かれてきたこと、この3つの要素を掘り下げてみたい。SFアニメにおける戦争描写の特徴をこのようなかたちで捉えることで、第2章以降で考察する、国際政治学における戦争をめぐる議論との違いが際立ってくる。

1. 戦闘の「リアリティ」の描写

（1）戦闘描写の解像度を変えた『宇宙戦艦ヤマト』

日本のＳＦアニメの歴史を語る上では、『宇宙戦艦ヤマト』（１９７４年）と『機動戦士ガンダム』（１９７９年）を欠かすことはできない。この２つの作品に共通する特徴を１つ挙げるとすれば、同時期のほかのアニメ作品とはまったく異なるレベルで戦争を「リアル」に描いたことだろう。１９７０年代にも、『マジンガーZ』（１９７２年）、『ゲッターロボ』（１９７４年）、『UFOロボ グレンダイザー』（１９７５年）、『超電磁ロボ コン・バトラーV』（１９７６年）など、戦いを描いたアニメは数多くある。これらは概ね、地球征服を狙う宇宙人や地上の支配を回復しようとする地底人が人類を攻撃してくるのに対し、主人公であるヒーローが人類を救う勧善懲悪の物語であった。そして毎週異なる敵側のメカが登場し、それと主人公のスーパーロボットが戦うかたちでストーリーが展開していく。

『宇宙戦艦ヤマト』は、それらとはまったく趣を異にする作品として登場した。物語は、ガミラス帝国が圧倒的に勝る科学力と軍事力を背景に放射能を帯びた遊星爆弾で地球を攻撃し、地球人類が滅亡の淵に瀕している状況から始まる。そのとき、惑星イスカンダルから、放射能除去装置「コスモクリーナーD」を渡すというメッセージが地球に送られ、地球人類側が、戦艦大和の残骸に隠れて建造した宇宙戦艦ヤマトを出撃させてイスカンダルに向かう冒険活劇である。これだけであれば、勧善懲悪をストーリーラインの基本とするそれ以前の作品と大きな違いはないようにも思える。

しかし、『宇宙戦艦ヤマト』は勧善懲悪の物語ではなかったし（後述）、それまでのアニメと比べると異次元と言っていいほど戦闘描写の解像度が高かった。まず冒頭の冥王星会戦では、ガミラスの巡洋艦や駆逐艦、地球防衛軍の大型艦艇（沖田艦）や駆逐艦が登場して、海戦のようなかたちで戦闘を展開する。このような量産兵器による戦闘は、それまでの作品ではほとんど見ることができなかった。その後も、地球側の戦闘機ブラックタイガー、ガミラス側には戦闘機ガミラスファイターに加え、回転銃座を持つ急降下爆撃機や大型魚雷を積んだ雷撃機などの艦載機が登場するなど、兵器としての「リアリティ」がそれまでのアニメとは段違いであった。

（2）七色星団の戦いや土星会戦における「駆け引き」

続編となる『さらば宇宙戦艦ヤマト　愛の戦士たち』（1978年）やテレビ版の『宇宙戦艦ヤマト2』（1978年）では兵器の描写がさらに精緻化していく。地球側には実際の海軍の艦艇の艦種と同様に、戦艦、空母、巡洋艦、駆逐艦が登場する。また、決戦兵器である拡散波動砲が、大型戦艦であり旗艦のアンドロメダには2門、大量建造された主力戦艦には1門、小型の戦闘艦艇である巡洋艦には小型波動砲が1門、さらに小型の軽快戦闘艦艇である駆逐艦には波動砲それ自体が搭載されないといったように、艦種の特長を踏まえ、兵器の運用構想として十分論理的に成り立つかたちの兵装を搭載していた。敵側のガトランティス彗星帝国も、戦艦メダルーザ（ヤマト2のみ）、大戦艦、超大型空母、高速中型空母、駆逐艦といった、やはり現実同様の艦種を配備しており、航空機も艦上攻撃機であるデスバテーターと戦闘機であるイーターIIの2種類の機種を運用しているといったように、こちらもまた十分に運用構想が論理的に成り立つかたちとなっていた。

兵器だけではなく、劇中で描かれる戦闘の作戦や駆け引きも迫真の描写で、戦争の「リアリティ」を感じさせるものであった。たとえば、第1作のクライマックスである、ガミラス側のドメル将軍との七色星団の決戦は、以下のような展開をたどる。

まずドメルが挑戦状を送って、星間物質が濃いためにレーダーが効かない七色星団にヤマトを誘い込む。そして第1波の攻撃として戦闘機隊を接近させ、迎撃に発進したヤマト側の戦闘機隊を引き離す。その隙に、艦載機をワープさせる瞬間物質移送機を利用して急降下爆撃隊を送り込み、ヤマトのレーダーや対空砲を破壊する。さらに、この攻撃を知って慌てて戻ってきたヤマト戦闘機隊が急降下爆撃隊を追撃し再びヤマト周辺から離れたタイミングで、今度は雷撃機隊をワープさせて魚雷攻撃を加える。そして決め手として、波動砲口に食い込んでいくドリルミサイルを撃ち込んでヤマトの決戦兵器である波動砲を封じていくのである。

現実であれば、こうした戦闘においては、戦闘機、急降下爆撃機、雷撃機を別個に送り込むのではなく、混成させるかたちで複数のストライクパッケージを編成し、波状攻撃を加えるかたちになるだろう。しかし、機動性が高く相手の戦闘機との空中戦を戦う戦闘機をまず送り込んでヤマトの戦闘機を引きつけ、次に戦闘機には劣るが機動性の高い急降下爆撃機で対空火器を叩き、その後で大型の魚雷を積んだ雷撃機を送り込むというのも戦闘の組み立てとして十分成り立つものである。むしろ、劇中で名将として描写されているドメルの、それまでのヤマトとの戦闘経験を踏まえ、先読みしながら攻撃を加えていく作戦や、劣勢に立たされながらも冷静にドリルミサイルの機構を解析させ、逆回転させてガミラス艦隊に向けて放出させる沖田艦長との駆け引きは、この七色星団の戦いの「リアリティ」を感じさせる上で十分なものであった。

続く『宇宙戦艦ヤマト2』の土星会戦でも駆け引きの描写がある。地球に侵攻するガトランティスの艦隊に対し、地球防衛艦隊の司令である土方竜は土星軌道での決戦を企図する。土方はガトランティス主力艦隊の後方に空母部隊が展開していると推測し、まずヤマトを中心とする空母部隊でその位置を探り出して奇襲攻撃を加えて撃破する。これは単に敵艦隊を撃破するという戦術的な目的にとどまるものではなく、地球側が劣勢にある航空戦を避けて、拡散波動砲を中心とする艦隊戦に誘導する戦略的な意図を持っての作戦であった。

地球側は、土方の思惑通りに土星宙域での決戦に持ち込むことができたが、そこで誤算が生じる。ガトランティス艦隊を指揮するバルゼー提督は、地球側の意図を見抜きつつも、旗艦メダルーザの火炎直撃砲（ガミラスの瞬間物質移送機のように、砲弾をワープさせて敵艦に直撃させる兵器）によって地球艦隊を撃破できると考え、土星宙域へと進撃して交戦に入る。この火炎直撃砲の射程距離は拡散波動砲よりはるかに長かったため、地球艦隊は当初もくろんでいた拡散波動砲の一斉射撃による撃破に失敗し、後退を余儀なくされる。この時点ではバルゼーが優勢であったが、土方はガトランティス艦隊の後方に戻ってきたヤマト艦隊からの攻撃も利用して土星の環《わ》にメダルーザを引き込む。そして火炎直撃砲発射の瞬間、環の氷が気化して発生した気流で艦列が乱れた隙に反撃に出て、ガトランティス艦隊を撃破するのである。

この土星会戦では、敵味方の戦力を分析した上で有利なかたちでの決戦に敵を誘導する作戦構想や、火炎直撃砲という相手の予想外の兵器に対して自然地形である土星の環を利用する戦術など、指揮官レベルでの戦いの駆け引きを描写し、それまでにないレベルで戦いの「リアリティ」が描き込まれている。主人公のロボットの必殺技で敵を倒すスーパーロボットアニメとは異次元の戦闘描写であり、当時どころか、現代に至るまでの日本のＳＦアニメの歴史の中で有数の戦闘場面であるといえる。

三段空母（多層式宇宙空母）／戦闘空母

ガミラスファイター
（ドメル式 DMF-3 型高速戦闘機）

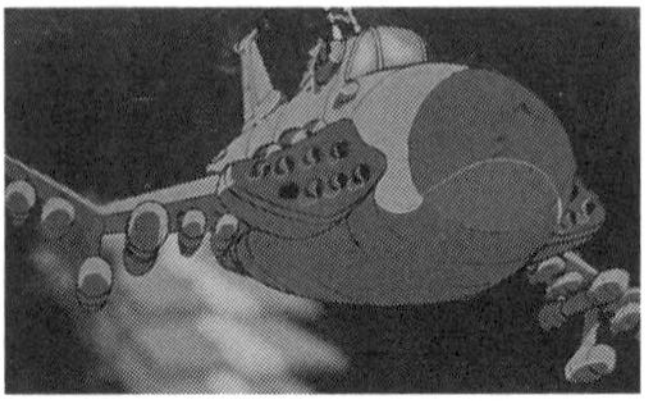

急降下爆撃機
（ドメル式 DMB-87 型急降下爆撃機）

雷撃機（ドメル式 DMT-97 型雷撃機）

宇宙戦艦ヤマト

アンドロメダ級宇宙戦艦

主力戦艦

巡洋艦

上段４点は七色星団の戦いで登場したガミラスの空母と艦載機。機種ごとの特徴を生かし、瞬間物質移送機を用いた巧みな戦法でヤマトを追い詰めた。下段４点はガトランティスとの土星会戦に投入された地球防衛軍の艦艇。巡洋艦以上の艦艇には波動砲が標準装備されている。

（3）「リアルロボットアニメ」というジャンルを形成した『機動戦士ガンダム』

さらに、『機動戦士ガンダム』では、より「リアルな」描写が進み、「リアルロボットアニメ」というジャンルを成立させるまでの影響力を持つことになる。ガンダムの基本設定は、「ミノフスキー粒子」という電波を妨害する粒子が広く使われるようになったことで、長射程のミサイル攻撃ができなくなり、航空機型の兵器よりも人型の兵器が優位な状況となっている。ガンダムの時代では、人類の一部が地球周辺の、地球と月の重力の均衡点である「ラグランジュ・ポイント」に建設されたスペース・コロニーで遠心力による擬似重力のもとで生活しており、ＳＦ的に見ても違和感のない設定がなされていた。

ガンダムにおける主役メカは、タイトル通り「ガンダム」という名が与えられた人型のロボットだが、劇中では「ロボット」ではなく「モビルスーツ」と呼ばれ、それまでのスーパーロボットアニメとは兵器のカテゴリーからして違うという印象を視聴者に与えた。劇中で何種類も登場するモビルスーツはそれぞれが実際の兵器と同じように型式番号を有している。ガンダムはＲＸ-78-2、敵側として描かれるジオン公国の主力モビルスーツであるザクがＭＳ-06、続くグフがＭＳ-07、ドムがＭＳ-09という具合である。

また、『宇宙戦艦ヤマト』では波動砲が絶対的な「必殺技」だったが、『機動戦士ガンダム』には必殺技が存在しない。むしろ主役メカであるガンダムは、そのほかの機体より性能的に上回っているとしても、劇中でウッディ・マルデンが「ガンダム1機の働きで、マチルダが助けられたり、戦争が勝てるなどというほど甘いものではないんだぞ」（第29話「ジャブローに散る！」）と発言しているように、戦局を一変させるほどのスーパー兵器ではないことがむしろ強調されて描かれている。

第9話の「翔べ！ ガンダム」で地上からエンジン全開で飛翔してジオンの戦闘機ドップと戦闘するときや、第32話「強行突破作戦」でジオンのドレン艦隊を視界外からのハイパー・バズーカで狙撃し、続けてビーム・サーベルなどで肉薄攻撃をかけたときのように、ガンダムが戦況を変えるときは、パイロットのアムロ・レイの工夫や知恵によることが多い。そして劇中で戦局を地球連邦軍の優位に展開させていくのは、量産型モビルスーツのＲＧＭ-79ジムの大群であった。

⑷ 補給まで踏み込んだガンダム

さらに、『機動戦士ガンダム』における戦争は、主人公は地球連邦軍、主人公に敵対する側が地球連邦からの独立を宣言したジオン公国軍ということで正規軍同士の戦いであり、登場人物の中でも軍人には階級があり、上官と部下との会話も実際の軍隊組織と同様に描かれている。戦艦大和がモチーフにあることもあり、軍の描写に慎重でもあった『宇宙戦艦ヤマト』における「地球防衛軍」では階級がなく、また軍隊的な台詞もほとんどない。モビルスーツに実際の兵器同様の型式番号が付けられたこととといい、登場人物たちが軍人であることといい、『宇宙戦艦ヤマト』と比べて『機動戦士ガンダム』ではより「リアル」なかたちで軍事組織が描かれた。

『機動戦士ガンダム』では、戦闘の組み立ての描写もまた、さらに「リアリティ」が進んだものとなった。特に、『宇宙戦艦ヤマト』ではほとんど見られなかった補給の重要性を描き込んだことは『機動戦士ガンダム』の大きな特徴といえる。ホワイトベースが地上に降下した後で、北米からユーラシア大陸で展開する戦闘の中でも、ジオン公国軍のシャア・アズナブルやマ・クベとの戦いでは、お互いの補給状況なども考慮しながら手を読み合う駆け引きが細かく描写された。

また、政治的なダイナミクスの軍事への影響も描かれている。ジオン公国のあるスペース・コロニー「サイド3」は、月の裏側のラグランジュ・ポイントにあるという設定だが、地球連邦はまず地球上のジオン軍の拠点をオデッサ作戦によって撃破し、その上で宇宙での反攻作戦を始める。先に宇宙要塞ソロモンを攻略した上で、そこを拠点としてジオン公国への進攻準備をし、ジオン公国側は月に近い宇宙要塞ア・バオア・クーを最終防衛線として迎え撃つかたちで最終決戦を行おうとした。この一連の戦いの中で、ジオン公国内での有力者であるギレン・ザビ、キシリア・ザビ、ドズル・ザビの間での政治的対立によって効果的な軍事作戦の実施が妨げられたことが示された。ドズルが防衛の指揮を執っていたソロモン攻防戦ではキシリアが援軍の出撃を遅らせ、結果としてドズルを戦死させることとなったし、物語の終盤のア・バオア・クー攻防戦では、ジオン軍がやや優位に防衛戦を展開している最中にキシリ

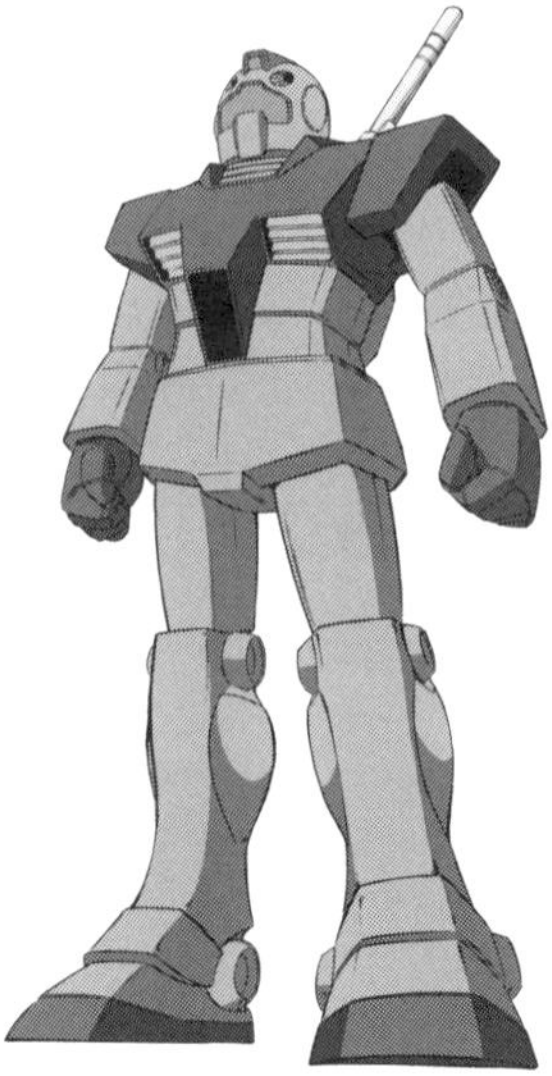

RGM-79 ジム

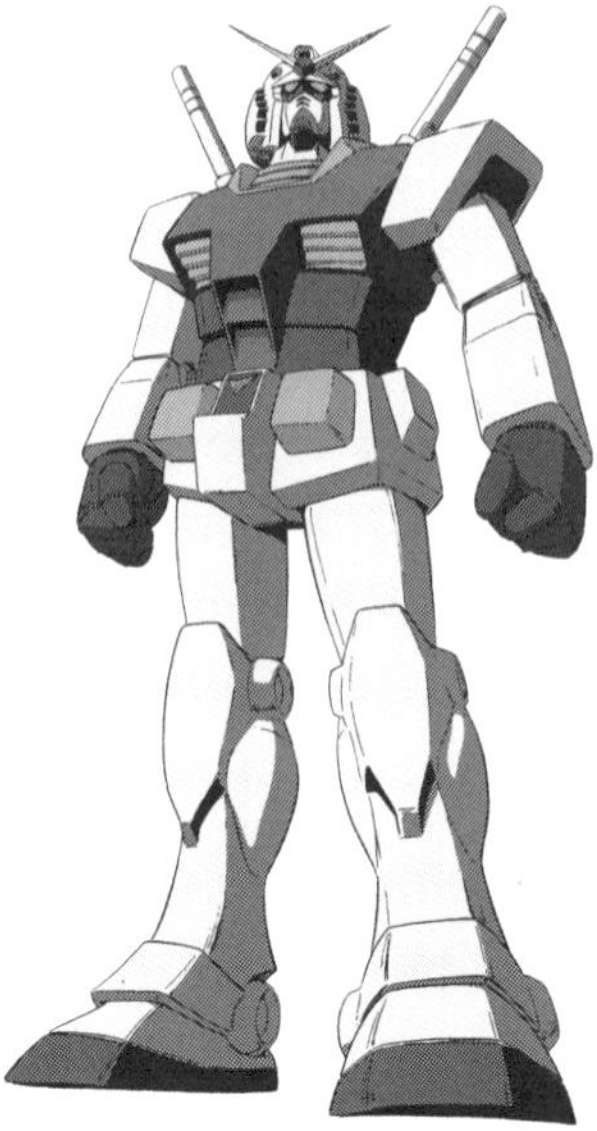

RX-78-2 ガンダム

MS-09 ドム

MS-07B グフ

MS-06F ザクII
（量産型ザク）

上段は地球連邦軍のモビルスーツ。ガンダムの生産機数はごく少数で、性能で妥協しつつも生産性を重視したジムが量産され、あらゆる戦線に投入された。下段は戦争中期までのジオン公国軍のモビルスーツ。連邦軍とは対照的に、ザク→グフ→ドムと性能が高まっていく。

アがギレンを殺害し、防御砲火が薄くなる時間を作ってしまう。一方で、地球連邦軍側には、政治的な思惑が軍事作戦に影響を及ぼす場面はない。

　このように、『機動戦士ガンダム』では、政治的なダイナミクスの戦局への影響が物語の展開で重要な意味合いを持つ。『宇宙戦艦ヤマト』を含め、それまでのＳＦアニメでは、軍事作戦に影響を与えるような政治的なダイナミクスが描かれることもほとんどなかったが、これもまた、戦争の「リアリティ」を感じさせる大きな要因となったといえる。

2.「正義」の相対化

（1）「負けた者は幸せになる権利はないというのか」

　日本のＳＦアニメを「子ども向け」のものにとどまらせず、大人が見てもおかしくないと思われるような映像ジャンルとして成立させた2つ目の大きな要因として、いくつかの作品が、勧善懲悪的なストーリー構造をとらず、劇中で戦っている諸勢力の「正義」を相対化したかたちで描いていることが挙げられる。

　まず、『宇宙戦艦ヤマト』では、物語の中盤まで地球を攻撃するガミラスは「謎の侵略者」であり、指導者のデスラー総統も、残忍な独裁者として描写される。しかし、前述した七色星団の戦いの前後に、ガミラス本星が星としての寿命を終えつつあり、ガミラス人が移住先を求めて地球を制圧しようとしていたことがヤマトの乗組員たちにも明らかになる。ガミラスにも種の存続としての「正義」が成立するなら、この段階で、地球人類が「善」、ガミラスが「悪」という図式は成り立たないことになる。

前述した七色星団の戦いを経て、最後の決戦場となるのはガミラス本星である。ヤマトの航海の目的は、イスカンダルに赴いて放射能除去装置コスモクリーナーDを受け取ることだったが、ガミラス本星はイスカンダルと二重惑星を構成しており、ガミラス軍を撃破しなければ目的を達成できない地理的条件にあった。逆にガミラスの立場からは、ここでヤマトを撃破できれば、コスモクリーナーDは地球に届くことはなく、ガミラス人の地球への移住が可能となる。その意味で、双方にとってガミラス本星の戦いは、自分たちの生存のために「負けることはできない」戦いとなった。地球人類の「正義」が、コスモクリーナーDによる地球上の浄化を通じた生存だとすれば、ガミラスの「正義」とは、地球を制圧しての移住による生存ということになる。この2つの「正義」は両立不可能であり、戦いを通じて解決するしかなかった。ヤマトは、その戦いの中、ガミラス本星の火山脈を波動砲で撃ち抜き、活発化した火山活動を利用してガミラスを壊滅させ、決戦に勝利する。地球人類側の生存を軍事力で可能としたことになるが、同時に寿命が尽きつつあるガミラス星そのものを波動砲で攻撃したことは、ガミラス側を滅亡に追いやることでもあった。

しかし、「それでよかったのか」という問いが、ガミラス本星の戦いの後に発せられる。ヒロインの森雪が、廃墟になったガミラス星を見て「私たちはなんということをしてしまったの！　私にはもう、神様の姿が見えない！」と、自らの戦いを悔いる言葉を発する。それに対し、主人公の古代進も、「勝つ者がいれば負ける者もいるんだ。負けた者はどうなる。負けた者は幸せになる権利はないというのか」「地球の人も、ガミラスの人も、幸せに生きたいという気持ちに変わりはない、なのに我々は戦ってしまった。しなければならなかったのは、戦うことじゃない、愛し合うことだった。勝利か、くそでも食らえ」と応える（第24話「死闘！　神よ、ガミラスのために泣け!!」）。その上で古代は、「行こう、イスカンダルへ。ほかにどうしようもないじゃないか」と言う。

ここでいう「愛し合う」ことが具体的にどういうことなのかは不分明であるが、古代と雪は自分たちの生存という地球人類側の「正義」の帰結がガミラス星の壊滅であった残酷な現実を前に、自分たちの「正義」を盲目的に信じるのではなく、「本当に戦うしかなかったのか」と自問する。これは「勝つ者がいれば負ける者もいる」との発言からわかるように、お互いの「正義」をゼロサム的に突きつけ合うのではなく、相対化した上でお互いの折り合いをどこかで付けることができたのではないか、という悔恨を表している場面といえる。

(2) ガンダムにおける価値の「ねじれ」

『機動戦士ガンダム』では正義の相対化はよりはっきりと見てとることができる。『機動戦士ガンダム』では、宇宙人と地球人類の戦いではなく、地球人類同士の戦いが描かれている。そのため、『宇宙戦艦ヤマト』と異なり、どちらかが滅びるというかたちの戦争にはなっていない。サイド3と呼ばれる月の裏側にあるラグランジュ・ポイントに建設されたスペース・コロニー群がジオン公国を名乗り、地球連邦からの独立を宣言したことで、『機動戦士ガンダム』における戦争は始まったという設定である。

地球連邦の政治体制は細かくは描写されていないが、スペース・コロニーに移住した人々（スペースノイド）を地球から統治しているとされており、ジオン公国の独立宣言はスペースノイドの自治を求めてのものであった。宇宙への移民者が増えている以上、自治権を求める側を「正義」として、腐敗した地球連邦と戦うといった勧善懲悪的なストーリーを構築することも可能ではあったろう。しかし、『機動戦士ガンダム』においては明確な「正義」は存在しない。ジオン公国は公王制を敷く独裁国家であり、毒ガスを用いてほかのスペース・コロニーの住民を虐殺してそのコロニーを地球の都市に落下させる残虐な行動もとる。つまり、スペースノイドの自治権獲得という目的自体は「正義」だとしても、それを実現するための方法論は「正義」とはいえないものであった。地球連邦軍に身を投じて戦っているセイラ・マスが「自由のための戦いだとしか思っていないから」（劇場版『機動戦士ガンダムⅢ めぐりあい宇宙』）と発言するように、ジオン公国が自らの目的を実現するために選択した方法論は、むしろ自らの正当性そのものを掘り崩すものでもあった。

一方で、地球連邦は、劇中でギレンが「絶対民主制」と発言していることから民主主義政体であると推定されるものの、スペースノイドの自治を認めるような柔軟性は持っていない（続編の『機動戦士Ζガンダム』（１９８５年）では、スペースノイドの自治を求める運動を地球連邦政府が弾圧したことについて言及されている）。また、地上での戦闘場面で地球連邦軍の兵士が民間人に粗暴な態度をとる描写もある。

このように、『機動戦士ガンダム』においては、いずれの側にも明確な「正義」というべきものが存在しない。むしろ、「正義」として描きうる「スペースノイドの独立」を掲げた政治勢力が残虐な独裁主義国家であることで価値の「ねじれ」が生まれているといえる。こうしたかたちで、「正義」を含めて価値を相対化したことは、実際の世界に存在する葛藤を描写したものであるともいうことができ、ガンダムを含めて日本のアニメを、子ども向けの映像作品から大きく変えていく転機となったといえよう。

(3) イデオンが問う「正義」の所在

『機動戦士ガンダム』の次に製作された『伝説巨神イデオン』（１９８０年）においても、また異なるかたちで正義が相対化されている。『伝説巨神イデオン』では、光速を超えて宇宙に進出した人類が、「ソロ星」という惑星の遺跡を探査しているときに、「バッフ・クラン」という地球人類とほぼ同じ知能・形態をした宇宙人と接触する。当初は偶発的な戦闘だったものが拡大し、地球人類とバッフ・クランそれぞれの種族の存亡をかけた戦いへと発展してしまう。『伝説巨神イデオン』のユニークな点は、この戦いの背後、あるいはそれどころか地球人類とバッフ・クランが類似の知的生命体として発生してきたことそれ自体に、もともとの遺跡を作り出した文明である「第六文明人」の作り出した「イデ」の意思があるとされていることである。

「イデ」とは、劇中では無限のエネルギーを持つ超常的な存在とされる。もともとは第六文明人の作り出した精神をエネルギーとして利用するシステムがベースにあり、数十億人の第六文明人の意識をエネルギーとして利用しようとしたところ、彼らの意識をすべて吸収してしまい、第六文明人の滅亡と引き換えに意思の集合体としての「イデ」が生まれたとされる。

主人公のユウキ・コスモたちは、ソロ星でバッフ・クランと接触した後に、第六文明人が残した宇宙船「ソロシップ」と巨大ロボット「イデオン」を使って戦う。劇場版の『伝説巨神イデオン 接触篇』(1982年)では、イデがコスモに対し、「幾千、幾万、幾億の意思の集合体たる我は、我自らを守り生かすために、新たなる力を」と語りかける場面がある。それに対し、コスモは「そのために俺たちを戦わせるのか」と応えるが、イデは「新たなる力のために、我は、汝らを……」と返す。地球人類とバッフ・クランが戦っているのは、「超常的な存在であるイデがそれを望んでいるから」という描写である。

こうなってしまうと、もはや地球人類やバッフ・クランのいずれの側に「正義」があるかという問題ではない。劇場版の続編である『伝説巨神イデオン 発動篇』（１９８２年）では、「俺たち出来損ないの生物の、その憎しみの心を根絶やしにするために」イデは地球人類とバッフ・クランを戦わせているとのコスモの台詞がある。双方の知的生命体が憎しみを抱きあっていて、それを消し去るためにイデが戦いを続けさせているとすれば、それはもはや「正義」の相対化を踏み越えて双方ともに「悪」と描写されているとさえいえよう。

（４）抽象的な「戦う理由」を希薄化させた『超時空要塞マクロス』

中には、「正義」の相対化どころか、「正義」そのものを描写していない作品もある。たとえば、この時期、「リアルロボットアニメ」というジャンルが成立していく中で人気を博した作品の中に、『装甲騎兵ボトムズ』（１９８３年）がある。この作品では、職業軍人であったキリコ・キュービィーが主人公となり、様々な戦いを経験していくが、背景にはアストラギウス銀河を二分する勢力であるギルガメスとバララントの戦争がある。しかし『装甲騎兵ボトムズ』では、物語はキリコの周辺に集中し、「正義」はおろか、これら2勢力がどのような理由で戦争をしているかほとんど描かれない。

同様に、『超時空要塞マクロス』（1982年）でも、地球人類は銀河を二分して戦うゼントラーディ軍と監察軍との戦いに巻き込まれていくが、両軍とも「正義」も戦争目的も持たないまま戦っている。ゼントラーディ軍も監察軍も、超古代に存在しすでに絶滅した「プロトカルチャー」という生命体が、戦争のために知能を抑制して作り出した巨人兵士であり、プロトカルチャー同士の代理戦争の図式を引き継ぎながら、戦うことそれ自体を目的として戦い続けているとされる。

ただし、「正義」を戦いの「大義」なり「理由」と読み替えるなら、その後のマクロスシリーズは興味深い展開をたどる。『超時空要塞マクロス』の終盤で、地球はゼントラーディ軍の攻撃で壊滅してしまうが、その後のマクロスシリーズは、生き残った地球人類とゼントラーディ軍兵士の一部とが協力して、絶滅を避けるために銀河系全体に航行させた移民船団を中心にストーリーを展開させていく。時系列的に『超時空要塞マクロス』の35年後とされる続編の『マクロス7』（1994年）では、移民船団の1つが、「プロトデビルン」という謎の生命体と接触して戦闘を行う。さらにその14年後とされる『マクロスF』（2008年）でも、バジュラという謎の生命体と接触して戦闘になる。

これらの生命体は、『宇宙戦艦ヤマト』のガミラス人や『伝説巨神イデオン』のバッフ・クランと異なり、人間とはまったく異質の生命体であり、なぜ人類を攻撃してくるのかそれ自体が当初はよくわからない。むしろ、プロトデビルンやバジュラたちの「戦う理由」それ自体が、ストーリーの重要なカギとなるのである。一方の主人公たちの「戦う理由」は、抽象的な「正義」ではなく、身近な人を守るといった、人間にとって直感的に明らかなものが設定される。そうなると「正義」の相対化どころか、「正義」なり「大義」といった、抽象的な「戦う理由」が希薄化していくことになる（この点については第6章で再論する）。

このように、特に『機動戦士ガンダム』以降に成立したリアルロボットアニメとされるジャンルの多くで、勧善懲悪的な図式は見いだされない。特に、視聴者の感情移入を促すようなかたちで「正義」が描写されることはほとんどなかった。一方で、勧善懲悪的なストーリーでないと低年齢層の視聴者にはわかりにくくなってしまう。逆にいえば、勧善懲悪ではないようなストーリーを作り上げていくこと自体が、「子ども向け」ではないかたちでクリエイターたちがアニメを作っているということでもある。そしてそれは、一定の層の視聴者を獲得していくのである。

COLUMN

リアルな戦闘描写とミステリアスな謎解きが同居する『装甲騎兵ボトムズ』

舞台はアストラギウス銀河。ギルガメスとバララントという二大勢力が、そのアストラギウス銀河を二分して戦った百年戦争の末期から物語が展開していく。

『装甲騎兵ボトムズ』にはロボットアニメとして際立って異色な点がある。登場する人型機動兵器はアーマードトルーパー（AT）と呼ばれる4メートルほどの兵器で、主人公のキリコ・キュービィーは搭乗するATを消耗品として乗り捨てていく。ATは量産された兵器として描かれており、これまでの巨大ロボットアニメ作品と比べ、よりリアルな戦闘を感じさせる描写で、量産兵器としてのリアリティを徹頭徹尾突き詰めたのがボトムズの特徴である。

百年戦争の終戦直前、キリコはカプセルに入った素体と呼ばれる女を目撃したことにより、全アストラギウス銀河をめぐる巨大な陰謀に巻き込まれてゆく。遺伝子操作によって筋力や反射神経を強化した強化人間「パーフェクトソルジャー」を巡る謎が物語のカギとなるが、素体＝パーフェクトソルジャーであるフィアナと邂逅したキリコは、彼女に惹きつけられていく。

物語の後半ではキリコが異能生存体で、アストラギウス銀河を影で動かす神のような存在である「ワイズマン」の後継者、「異能者」だということが明らかになっていく。しかし、キリコは「ワイズマン」を継ぐことを拒否するばかりか、むしろ倒してしまう。そして最後にはフィアナと共に姿を消すのである。

こうした、リアルな戦闘描写とミステリアスな謎解きとが同居するのがボトムズの魅力であり、続編も多数作られている。

ただ、筆者が好きなのは物語前半の第13話「脱出」の一場面である。このとき、キリコはウドで行われている「バトリング」というATの模擬戦に参加していた。ウドにはフィアナがかくまわれており、軍がフィアナの身柄を押さえるために市内を制圧する。その作戦で、軍が無数のATをパラシュート降下させる、その場面である。

3.「希望」と「絶望」の関係性

(1) 戦争における「希望」と「絶望」

日本のＳＦアニメが「子ども向け」にとどまらないジャンルとなった要因をもう1つ挙げておきたい。それは、戦争を描くことで必然的に現れる「絶望」と「希望」との関係性が、高度な作品性の創出となったことである。

戦争とは、人の生死をかけた状況であり、絶望もあれば希望もある。絶望は、戦争の中で人の命が奪われる悲惨さや、膨大な破壊が繰り返される愚かさ、さらには戦争の先の滅びの道によってもたらされる。地球人類とバッフ・クランの戦いを止めることができず、イデの意思で双方が滅ぼされてしまう『伝説巨神イデオン』のテレビ版は、戦いが滅びに至る典型である。あるいは、『新世紀エヴァンゲリオン』（１９９５年）の劇場版『Air/まごころを、君に』（１９９７年）で、「サードインパクト」という劇中の現象で人類が群体としては事実上一度滅んだ後で、惣流・アスカ・ラングレーが碇シンジに対して「気持ち悪い」という言葉を発して締めくくられる最後の場面もまた、絶望を強く感じさせるエンディングであった。

一方で、希望は、戦争を通じて明らかになる人間の可能性であったり、あるいは勝利の後の平和というかたちで感じとられる。たとえば、『マクロスF』テレビ版の最終回では、最後の戦いの後、新たに見つかった移住先の惑星に主人公たちが降り立つが、美しい青空に舞う主人公の早乙女アルトが「戦いの後の平穏な日々」という希望を感じさせて終わる。また、言うまでもなく、ガンダムシリーズで繰り返し描かれるニュータイプへの「人の革新」は、戦いの中から見いだされる希望そのものである。

全体で3作作られたオリジナルビデオアニメの『メガゾーン23』（1985年）でも、絶望と希望の双方が描かれる。『メガゾーン23』は、環境破壊が進みすぎて地球人類が地球に住めなくなり、数百年かけて地球を再生する間、人類が巨大都市宇宙船の中で生活するという設定の物語である。ただし、そこで暮らす人々は巨大コンピュータ「バハムート」にマインドコントロールされ、自分たちが宇宙にいることを知らない。移民船の中は、人々が幸福でいられた時代を模して作られており、主人公たちは1980年代の東京を再現した宇宙船の中で生活している。

その宇宙船がほかの巨大都市宇宙船と戦闘状態に入るのが第1作であり、第2作『メガゾーン23 PARTⅡ 秘密く・だ・さ・い』（1986年）では両者ともに地球に帰還してくる。そして、人類不在の間に地球を防衛するシステム「A.D.A.M」に、地球帰還の条件を満たしているかどうかが査定される。そして2つの移民船の双方とも、地球に帰還させるべきではないと判断され、「A.D.A.M」の攻撃によって両船とも破壊されていく。これは「絶望」だが、主人公の矢作省吾をはじめとする一部の人々

（暴走族）のみ帰還を許され、脱出用の小型宇宙艇の外に出てよみがえった地球の自然を目の当たりにする「希望」に満ちたエンディングで幕を閉じる。

なお、第3作『MEGAZONE23 Ⅲ』（１９８９年）では、第2作の数百年後の地球を舞台とし、矢作省吾たち帰還者の子孫たちが主役になるが、彼らはやはり地球に居住するべきではないとシステムに判断され、宇宙に再び送られようとする。しかし、地球再生システムそのものをデザインし、冷凍睡眠されていた時祭イヴが目覚めて主人公たちと活動をともにし、人類を地球から排除しようとするシステムを停止させるところで物語は終幕を迎える。

（2）戦争の「リアリティ」と創作が描くもの

このように、戦いに伴う「絶望」と「希望」は、様々な作品の中で繰り返し描かれてきた。双方を織り交ぜたものもあるし、「絶望」ないし「希望」のいずれかに傾斜したものもある。この点について、『機動戦士ガンダム』を作り出したクリエイターである富野由悠季氏は、「未来を、近未来を絶望論で締めくくるのは簡単なことです。アニメサイドからものを考えてきたとき、絶望論は絶対に子どもたちに言ってはいけない、と思うようになってきた。『人類は戦争を忘れられない種なんだ』というのはいい加減やめなさいよ」と述べている（筆者との対談／※1）。

アニメで描かれる世界に目を向けるまでもなく、現実の世界において戦争は絶えない。2024年7月現在でも、2022年に始まったロシア・ウクライナ戦争はもとより、イスラエルのガザ侵攻といった戦争が行われている。だからこそ、創作であるアニメで戦争を描くときは、絶望のみを語るべきではなく、将来の平和につながる希望を描くべきだ、と富野氏は考えているということであろう。

実際、アニメはドキュメンタリーや報道ではなく創作である。戦争を描写するアニメ作品であっても、その基本的な目的は戦争そのもののダイナミクスの記述ではなく、戦争の中で生き抜いていく人々の姿を描き出すことにある。そうである以上、アニメの中で戦争と向き合い、生き抜いていく人間たちの姿は現実の精密な模写となるとは限らない。クリエイターのある種の価値観を内包したかたちで、そうした人々の姿は描かれていくことになる。

そのため、SFアニメで描かれる戦争は、戦争の「リアリティ」から逸脱することもあるかもしれない。しかし、戦争という、究極的な絶望と向かい合わなければならない状況を題材として、単に状況を客観的に記述するだけでなく、登場人物たちが向き合った「絶望」や抱いた「希望」が描き込まれることが、日本のSFアニメの一部の作品が持つ高度な作品性につながったといえる。それはメッセージ性であったり、多様な解釈がなされる局面であったり、様々なかたちをとっている。この高度な作品性こそが、日本のSFアニメが「子ども向け」のジャンルを超越していくために何よりも必要としたものでもあった。

（3）「絶望の中の希望」を描いたイデオン

こうした、「希望」と「絶望」にまつわる論点を考察する上では、ガンダムシリーズと『伝説巨神イデオン』を外すことはできないだろう。『伝説巨神イデオン』は、前述の通り、類似の知的生命体である地球人類とバッフ・クランとの戦いを描いた作品で、両者と超常的な存在である「イデ」との関わりの中でストーリーが展開していく。テレビ版と劇場版とで結末が異なるが、テレビ版では、「イデ」が作り出した地球人類とバッフ・クランの直接対話の機会を生かすことができず、バッフ・クラン軍のドバ・アジバ総司令が戦うことを選択したことによって「イデ」が発動し、「因果地平、すなわち宇宙の果てへ、四散したのかもしれなかった」とナレーションで語られるかたちで両者ともに滅びる。劇場版では、直接対話が失敗した後も戦いが続き、「イデ」の意思による流星の落下によって双方とも母星が壊滅し、前線のソロシップやイデオン、そしてバッフ・クラン軍の双方が全滅した段階で「イデ」が発動して、新たな惑星で新たな知的生命体として地球人類とバッフ・クランの双方が転生していく姿が描かれる。

いずれのストーリーでも、地球人類とバッフ・クランが、「悪しき」生命体なのか「善き」生命体なのかを「イデ」がどのように見極めていくのかということがストーリーのカギとなっている。戦うことは「悪しき」部分であり、地球人類のジョーダン・ベスとバッフ・クランのカララ・アジバが愛し合って子どもまで作ったように、お互いの存在を受け入れて協力していくことが「善き」部分と解される。テレビ版では、ドバが対話を拒否して戦いを選ぶことが「悪しき」部分として、「イデ」が発動して両者を滅ぼすわけだが、地球人類とバッフ・クランのいずれもが戦いをやめることができないという意味で、「絶望」がより強く描かれた結末となっている。

一方で、劇場版では、2つの生命体が融合しながら転生するというかたちでの新たな未来が示されており、より「希望」に傾斜した結末ではあるが、そこに至るまでに、文字通りの「殺し合い」の結果として登場人物たちが死亡したが故の転生である。劇中でも、イデオンのパイロットのコスモが、ドバに対し、「俺たち出来損ないの生物の、その憎しみの心を根絶やしにするために、イデは」と叫び、ドバがコスモの言葉を受けるかたちで「我らを戦わせたというのか」と応える場面がある。これを素直に読むなら、登場人物たちが戦いの結果として死ぬことによって憎しみの心が「根絶やし」にされ、新たな知的生命体として転生したと解することができよう。だとすれば、転生という希望が提示されているものの、1つの生命体として絶望的な帰結である死を経なければならないことそれ自体は変わっていないことになる。

最終局面に至るまでイデオンで繰り返し描かれているのは、理由は様々ながら、地球人類とバッフ・クランが戦いをやめられないことであった。「イデ」の発動に伴い滅亡する可能性を、一部の登場人物たちは認識しつつも、戦いを止めるには至らない。特に、ドバは、バッフ・クランの宇宙軍総司令として戦いを止める権限を持っており、しかも先に引用した劇場版でのコスモとのやりとりで「イデ」の意思をも洞察するに至るにもかかわらず、戦いを続ける道を選択する。こうした、「人は戦いを捨てられない」という「絶望」を基本的なトーンとしつつ、「イデ」の力によって人は変わり、「善き」生命体として転生するという「希望」に至ることが、イデオンにおける「希望」と「絶望」の対話の基本構造であるといえよう。

(4)「希望の中の絶望」を描くガンダム

一方、『機動戦士ガンダム』などの宇宙世紀シリーズでは、異なるかたちで「希望」と「絶望」の対話が織りなされる。前述した通り、宇宙世紀シリーズのガンダムは、宇宙移民者であるスペースノイドの自治権獲得に向けた戦いと、その戦いの中で、宇宙に出た人類が認識力を拡大し、他者を誤解なく理解できる「ニュータイプ」への「人の革新」とが基本テーマとなっている。

宇宙世紀シリーズのガンダムでは、『伝説巨神イデオン』と異なり、「悪しき」「善き」といった価値に基づく判断基準や、「イデ」のような超常的な存在は介在しない。ニュータイプへの「人の革新」とは、あくまで、宇宙で暮らすようになった人類が環境に適応して自律的に引き起こす変化ないし進化であり、アムロやシャア、ララァ・スンのように、実際にニュータイプとして覚醒する人物も出てくる。これは、戦いの中から地球人類が見いだすことができる「希望」ではあるが、宇宙世紀シリーズは「希望」を単線的に進めていくかたちでは展開していかない。ニュータイプという概念を提示し、「人の革新」の「希望」を見せた『機動戦士ガンダム』の中でも、一度道ばたで会っただけのアムロとララァは、戦場でお互い深く理解しあうことになるが戦いをやめることはできず、シャアをかばうかたちでララァはアムロに殺される。

続編の『機動戦士Zガンダム』では、地球連邦が薬物などを用いて、「強化人間」と言われる人工的なニュータイプを作り出そうとする。つまり、人間全般の進化としてではなく、「優れたパイロットとして軍事的に利用できる特性」としての理解に基づくニュータイプの人工的な創出が追求されるのである。地球連邦とジオン公国との戦争でニュータイプの出現が認識され、「誤解なく理解できる人々」という可能性が示されたにもかかわらず、戦いを中心にものを考えるのをやめられないという意味での「絶望」がここでは表現されている。

そうして作られたフォウ・ムラサメは主人公であるニュータイプのカミーユ・ビダンと知り合い、一定程度お互いを理解するに至る。しかし、彼ら2人の相互理解はアムロとララァのように精神的な感応によるものではなく、物理的に出会ったときの会話によるものであり、ニュータイプとしての「他者の誤解なき理解」とは異なるかたちであった。

これもまた、「人の革新」としてのニュータイプの限界を感じさせるものでもあったが、物語が進んでいくにつれて、ニュータイプの「人の革新」としての方向性が希薄化し、軍事的特性がより注目されていくことになる。それが表れているのが、『機動戦士ガンダム』から40年余り後の宇宙世紀１２３年という設定の『機動戦士ガンダムＦ91』（１９９１年）である。本作では、ニュータイプとは何かとの問いに対し、主人公のシーブック・アノーが、「パイロット特性のある人だよ」と手短に答える場面がある。ここから、宇宙世紀１２３年の社会では、もはやニュータイプを「人の革新」とは考えなくなっており、その軍事的な特性のみが社会の記憶に残されていることを読みとることができる。

第1作の『機動戦士ガンダム』の主人公であるアムロとライバルであるシャアは、『機動戦士Ｚガンダム』ではともに戦い、『機動戦士ガンダム 逆襲のシャア』（１９８８年）では再び敵同士で戦うが、彼らはともにニュータイプを「人の革新」としての希望として捉えている点で共通していた。『機動戦士ガンダムＦ91』のこの会話は、アムロやシャアが抱いていた「人の革新」への希望が実っていないことが端的に表現されている場面でもあった。

（5）「希望」と「絶望」の多様な描写

こうしてみると、『伝説巨神イデオン』が、戦いをやめられない知的生命体の「絶望」を基本的なトーンとしている中で「希望」を見せているのに対し、宇宙世紀シリーズのガンダムは、「人の革新」という「希望」を基本的なトーンとしつつ、それが進んでいかない「絶望」を示している。そう見ると、イデオンとガンダムは、対照的なかたちで「希望」と「絶望」とを並置させていることが読みとれる。

勧善懲悪的なストーリーであれば、最後に「正義」が勝利して「希望」を示して完結するというのが定番的な展開となるだろう。しかし、「正義」を相対化させているからには、「最後は希望が勝利する」という単純なパターンではストーリーが展開しなくなる。戦争を主題としている日本のSFアニメにおいては、定番的なパターンではなく、「希望」と「絶望」の関係性が様々なかたちで示されることになる。そのことがストーリーに深みを加え、高度な作品性を持つことにつながっていった。戦争を「リアリティ」のあるかたちで描き、さらに「正義」を相対化し、「希望」と「絶望」との関係を様々なかたちで描くことで作品性が備わり、日本のSFアニメは「子ども向け」の映像作品から脱却してきたのである。

この中で重要な舞台装置としての役割を果たしているのは戦争であった。ただしその描写の仕方は、国際政治学における安全保障論の研究を反映したものとは必ずしも言いがたい。前述した通り、SFアニメは報道でもドキュメンタリーでもなく創作であるから、現実の戦争のダイナミクスを描き出す必要はない。しかし現実と創作とのギャップが存在するとすれば、それを理解することは作品の意図を理解する上でも1つの手がかりを提供することになるだろう。この点から、次の章では、安全保障論における戦争を巡る議論と、ＳＦアニメにおいて描かれている戦争とのギャップについて考察する。

※1　テレビ朝日『サンデーステーション』「『ゼレンスキーはニュータイプの芽』ガンダム原作　富野由悠季×高橋杉雄　終戦の日対談」（2023年8月13日）https://www.youtube.com/watch?v=q74YoAXdlWo

COLUMN

時代を先取りしたSFアニメ『メガゾーン23』

原宿や渋谷で遊ぶ若者たち。次々にヒット曲を繰り出すスーパースター時祭イヴ。舞台はどこを見ても現代の東京。その日常の中で突然現れる謎の大型バイク「ガーランド」とそれを追う大型バイク「ハーガン」。

彼らの住む東京は実は地球を遠く離れた巨大宇宙船の中だった。人々はコンピュータ「バハムート」によってマインドコントロールされ、1980年代の東京で暮らしていると信じさせられていた。時祭イヴもまたバハムートによって作られたデジタルアイドルで、彼女の本体の「イヴ・プログラム」こそが人類のマインドコントロールをつかさどっていた。環境破壊によって絶滅の危機に瀕した人類は、地球再生システムだけを残して500年もの間地球を離れていたのである。

ハリウッドのSF映画『マトリックス』(1999年)を想起させる世界設定と、初音ミクを思わせる時祭イヴ。環境汚染による人類絶滅の危機。『メガゾーン23』は時代を何周も先取りしたSFアニメだった。

全体で三部作だが、それぞれに大きなどんでん返しがある。第2作『メガゾーン23 PARTⅡ』では宇宙船が地球に戻ってくる。数百年後を描いた『メガゾーン23 Ⅲ』では時祭イヴが実在したことが明かされ、冷凍睡眠状態から復活する。デジタルアイドルだったはずの時祭イヴは実は地球再生計画のキーパーソンで、彼女が中心になって後半のストーリーが展開する。

筆者が一番好きなのは、第2作の最後、月全体を改造した巨大な兵器である地球防衛システム「A.D.A.M」に巨大宇宙船がバラバラに引き裂かれていく場面である。背景に流れるのは切なげな顔をして歌う時祭イヴの「秘密く・だ・さ・い」。その哀しげなメロディと相まって、日本のアニメ史上有数の名場面だと思っている。そのとき、軍部指導者のB・Dが、「うらやましいよ、おまえたちがな」と主人公の矢作省吾に言い残して愛機ザーメ・ザウで宇宙に去るシーンもまた心に残る。

第2章 国際政治学から見たSFアニメの「戦争」

日本のSFアニメのいくつかの作品は、戦争を「リアルに」あるいは「もっともらしく」描くことで、視聴者が登場人物たちの群像劇に没入できる舞台装置を組み上げ、登場人物たちの苦闘と希望を描き出しながら、高度な作品性をもって現実と理想の葛藤を表現してきた。

しかし、SFアニメに描かれているのは、「舞台装置」としての戦争であって、リアルな戦争ではない。SFアニメはあくまで創作であって、報道やドキュメンタリーではないからだ。国際政治現象としての戦争を研究してきた国際政治学の視点から見ると、いくつかの重要な点でギャップがある。筆者は第1章で、SFアニメにおける戦争の描写を「リアル」と記述するときに、必ずカギ括弧を付けてきたが、それは、いかに現実に近く見えたとしても、SFアニメの戦争描写は、あくまで「もっともらしく」描いたものであって、現実そのものではないからである。本章ではその点について考察しよう。

1. 描かれているのは「戦争」か?「戦闘」か?

アニメを通じた戦争に対する「理解」

繰り返すが、SFアニメは創作であって、報道やドキュメンタリーではない。戦争はあくまで登場人物を描き出すための舞台装置であり、戦争や戦闘の描写が「もっともらしい」としても決して現実ではない。ただし、戦争の「リアルな」描写を通じて、戦争を擬似的に理解したように感じる人々もいるかもしれない。いわば、「アニメを通じた」戦争の理解である。こう言うと批判的に感じられるかもしれないが、このこと自体はそれほど大きな問題ではない。戦争は非常に複雑な国際政治現象であり、様々な視点を持ちうる。戦争の擬似的な理解は決してアニメを通じてのものだけではない。現実の戦争の現地からのニュースを見ているからといって、戦争への理解が深まるとは限らない。

特に、現在進行形の戦争について手に入れられる情報は限られている。そんな中で全体像を組み上げて理解を深めるには、情報を集めて仮説的な理解を構築し、自分の仮説と異なるエビデンスと直面したら、仮説とエビデンスとをあらためて吟味し直し、必要があれば自分の仮説を修正していく作業が不可欠である。この一連の作業を進めていくには、専門的な知的訓練や分析の経験が不可欠である。特に国際政治学における安全保障論の知識なくして、戦争という現象を分析するのは無謀でさえある。

２０２４年７月、本書を執筆中の現在、世界ではウクライナやガザで戦闘が展開しているが、報道やインターネットを通じて現状についての情報を断片的に手に入れたとしても、それだけでは全体像を組み上げることはできない。特にＳＮＳにおいて顕著だが、恣意的に取捨選択した断片的な情報をベースに「思い込み」を作り出し、自分の「思い込み」を否定する情報やコメントについては、「間違っている」「分析が浅い」として受け入れるのを拒絶する人々もいる。そうした人々は、「思い込み」を否定するエビデンスに直面しても、そのエビデンスを受け入れて自らの「思い込み」を修正するのではなく、エビデンスが間違っているとさえ主張することがある。そうした人々と比べるなら、アニメファンが気に入った作品を通じて戦争を擬似的に理解したと感じることは、戦争の捉え方の解像度の点で、取り立てて劣るというわけではない。

ただし１つ重要な前提がある。ＳＦアニメはあくまで商業作品としての創作であり、決して現実の写実的な描写ではないことをわきまえることである。実際、ほぼすべてのＳＦアニメにおいて、戦争の重要な部分が捨象されている。そのため、いかに「リアル」に見えたとしても、実際には選択的な「リアリティ」しか描かれていないと言わざるを得ない。その捨象されている部分とは何か。その１つが政治的な意思決定である。

政治的意思決定の希薄化

たとえば『機動戦士ガンダム』では、地球連邦の政治的な意思決定はまったく描かれていないが、地球連邦に独立戦争を仕掛けたとされるジオン公国については一定の描写がある。デギンが「公王」の地位にあり、ギレンが「総帥」というポジションで、キシリアとドズルは軍の高級司令官である。ただ、公王が象徴的な国家元首なのか、実際に権力を持つ最高意思決定者なのかは、本編を見ても明確ではない。ガルマ・ザビが戦死したときには、デギンの意思に反して壮大な国葬が行われた描写があることから、公王はすべてを自分で決められる独裁者ではなく、ギレン、キシリア、ドズルを含めた集団指導体制がジオン公国では構築されていると考えることもできる。ただ、ア・バオア・クーの戦いの直前に単独で和平交渉を始めようとしているところから、デギンには一定の政策決定の権限はあるとも推測できる。ギレンは最終決戦のア・バオア・クーの戦いにおいて陣頭指揮を執っており、軍服を着ていることから考えても軍の最高司令官であるようだ。文官としての政治的意思決定にも一定の影響力を持っているようだが、それもザビ家の集団指導体制と考えれば説明はできる。

一方、地球連邦には一切政治家が登場しない。『機動戦士Zガンダム』でハヤト・コバヤシが、シャアに対して「何年かかっても地球連邦の首相を目指すべきです」と発言しているので、首相が存在するとは推測できるが、それが大統領制における首相なのか、議院内閣制による首相なのかは判然としない。

『機動戦士ガンダム』終盤のア・バオア・クーの戦いの直前にデギンが地球連邦軍と接触し、和平交渉を行おうとするが、交渉相手としてデギンが選んだのは、地球連邦の首相ではなく前線指揮官のレビル将軍であった。ただ、通常の政軍関係を考えれば、前線指揮官に和平を決める権限はない。もしレビルに和平を決めることができるならば、それはもはやレビルの軍事独裁政権である。ただし、地球連邦は「絶対民主制」として描かれているので、実際にはほかに政治的指導者がいるのであろう。しかしながら、地球連邦の政治的指導者は登場しないし、ましてやなぜジオン公国との政治的妥協を拒否して戦争の道を選んだのかは劇中ではまったく描かれていない。『機動戦士ガンダム』の前史である『機動戦士ガンダム THE ORIGIN』（2015年）でも描写はジオン側に集中しており、地球連邦政府側の意思決定についてはほとんど描かれていない。

引き続く作品においても、地球連邦の政治的意思決定はほとんど描かれない。7年後を描いた『機動戦士Zガンダム』では、第37話の「ダカールの日」の連邦議会の場面で議員が登場するが、意思決定者であるはずの首相は出てこない。『機動戦士ガンダムZZ』（1986年）でもやはり地球連邦の政治指導者は登場しない。『機動戦士ガンダムF91』では、役職不明の高官がテレビインタビューを受ける場面があるが、クロスボーン・バンガード軍の武装蜂起を「酔っ払いの喧嘩みたいなものでしょう」とコメントするのみで、政治的意思決定と呼べるものではない。

例外として、『機動戦士ガンダム 逆襲のシャア』に「参謀次官」として登場するアデナウアー・パラヤという人物がいる。参謀次官というのはあまり見ない役職だが、あえて言えば参謀本部において、参謀総長なり総司令官なりを政策面から補佐する役職であると推測できよう。彼がキャリア官僚なのか職業政治家なのかは不明だが、次官であるということは少なくとも閣僚ではないし、仮に軍事組織である参謀本部の補佐官だとするならば、民主国家である以上は閣僚にはなり得ない。

閣僚ではない地位の人物が、武装勢力であるネオ・ジオンの総帥のシャアと直接協議するのは、デギンがレビルと協議しようとしたのと同様、外交的プロトコルとしては不自然である。これは、創作としての『機動戦士ガンダム』が必要とする戦争の「リアリティ」としては、政治的意思決定についてそこまでの現実的な描写は求められないということであろう。

宇宙戦艦ヤマトシリーズの場合でも政治的意思決定はほとんど描写されない。ただし、宇宙戦艦ヤマトシリーズのうち、ガミラスと戦う第1作、ガトランティスと戦う第2作の『さらば宇宙戦艦ヤマト 愛の戦士たち』およびテレビ版の『宇宙戦艦ヤマト2』、つづく『ヤマトよ永遠に』(1980年)、『宇宙戦艦ヤマト 完結編』(1983年)では、地球は異星人から一方的に攻撃を受け、「生き残るか、滅びるか」という戦いになるので、そもそも政治的意思決定の余地はないとはいえる。例外的に、『宇宙戦艦ヤマトⅢ』(1980年)では、太陽の寿命が3年以内に尽きる状況となってしまい、移住可能な惑星を探査に行くから、ほかの文明と接触した場合、政治的な意思決定が重要になってくる可能性はあった。しかしその点についての描写はない。

なお、宇宙戦艦ヤマトシリーズでは、「大統領」が登場するので、おそらく民主的に選出された「大統領」が意思決定者なのであろう。リメイク版のシリーズのうち、旧作の『さらば宇宙戦艦ヤマト 愛の戦士たち』および『宇宙戦艦ヤマト2』のリメイクにあたる『宇宙戦艦ヤマト２２０２ 愛の戦士たち』（２０１８年）でも、この大統領が登場し、なぜガトランティスとの戦闘に突入するかを国民に説明したり、戦略の意図を同盟国であるガミラスのバレル大使に説明する場面がある。こうしたかたちで政治家の役割が描写されるのは、日本のＳＦアニメではそれほど多いことではない。

マクロスシリーズでは、作品によっては政治的意思決定の描写が含まれている。第1作の『超時空要塞マクロス』テレビ版の第1話「ブービー・トラップ」の、宇宙から落ちてきた巨大宇宙船を改造して建造された戦闘艦マクロスの進宙式の場面で、来賓として出席する政治家がマクロスの艦長グローバルに対して横柄な態度をとる姿が見られる。

なお、クライマックスの第27話「愛は流れる」で、地球統合軍の司令部で指揮を執る早瀬提督の部下が、話し合いの呼びかけに対してゼントラーディ軍側からの返答がないと報告するシーンがある。『超時空要塞マクロス』で地球を攻撃してくるゼントラーディ軍は、戦うためだけに作られたクローン兵士から構成されており、戦闘を回避するための話し合いが成立する可能性はないが、停戦のための話し合いの呼びかけは軍人ではなく政治的指導者からなされるべきものであろう。この点、ア・バオア・クーの戦いにおいてデギン公王の話し合いの申し出を受けたレビル将軍の立場との類似性がある。

ただし、マクロスのその後のシリーズでは政治的指導者が登場する。銀河系全体に向かって別個に進んでいく移民船団それぞれに、護衛艦隊の司令官とは別に政治的指導者としての市長が置かれている。『マクロス7』では、『超時空要塞マクロス』でゼントラーディ軍のエースパイロットとして登場したミリア・ファリーナが移民船団の市長としての任についている。護衛艦隊の司令官は、やはり『超時空要塞マクロス』で地球統合軍のエースパイロットであったマクシミリアン・ジーナス（マックス）で、2人は夫婦だが離婚寸前という設定となっている。このときは、相手がプロトデビルンという謎の敵で、政治的判断を行うというよりも戦うことが必要となる局面だったので、政治的意思決定を行う場面はほとんどないが、それでも、市民の安全を重視するミリアと軍事作戦を担うマックスとの間のギャップはしばしば描写されていた。

続く『マクロスF』では、「フロンティア船団」という移民船団が舞台となるが、市長に加えて、レオン・ミシマ補佐官という文民高官が登場する。ミシマは、人類に攻撃を仕掛けてくる謎の生物であるバジュラについての情報を持つギャラクシー船団と秘密裏に接触して情報を入手したり、ギャラクシー船団と密かに協力して市長に対するクーデターを起こす。また、戦闘作戦を担う民間軍事会社の S.M.S. との関係が悪化し、S.M.S の一部部隊が反乱を起こして船団を離脱してしまう場面もある。このように、『マクロスF』は、政治的な権力闘争や、軍事部門との対立が存在しており、政治と軍事との関係を一定程度描いた作品であった。

なお、はっきりと政治的意思決定を描いた作品としては『太陽の牙ダグラム』（1981年）がある。これは地球人類が太陽系を越えて宇宙に居住権を広げた未来で、植民惑星のデロイアの地球連邦に対する独立戦争が描かれる。物語は、独立運動の激化から武装蜂起を経て独立戦争へと展開し、人民解放政府の樹立に至る。特筆すべきはこの一連の流れにおける政治的な駆け引きの描写である。主人公はコンバットアーマー「ダグラム」のパイロットとなるクリン・カシムだが、クリンの父親のドナン・カシムは地球連邦評議会議長であり、ほかに陰謀家のヘルムート・J・ラコック弁務官、独立派指導者のデビッド・サマリンや穏健派のヘシ・カルメルなど、政治的意思決定に関わる人物も多数登場する。

デロイア独立戦争の終結は、決戦による主人公側の勝利ではなく、ラコックとカルメルの密約によってもたらされる。ラコックは策を巡らし、形式的には独立を与えつつも実質的には地球の支配を継続させたのだった。また、独立派の中の強硬派と穏健派の対立という、現実世界においてもしばしば発生する現象が詳細に描写され、それがカルメルを追い込んでいくなど、SFアニメの中では異色なほどに政治と軍事との関係が描き込まれている。その意味で、「戦闘」だけでなく「戦争」全体を描いた希有の作品といえる。また、ガンダムSEEDシリーズの第2作、『機動戦士ガンダムSEED DESTINY』（２００４年）においても、政治的指導者であるギルバート・デュランダル議長の政治的意思決定が随所に描写されている。

政策の「道具」としての戦争

戦争を研究する上で必読の古典に、『戦争論』という本がある。19世紀のプロイセンの軍人だったカール・フォン・クラウゼヴィッツが著したものだが、単に「戦争の仕方」を論じただけでない。戦争と政治との関係についての深い考察が為されており、今に至るまで読み継がれている。中でも特に有名な一節が、戦争は「政治的行為であるばかりでなく、政治の道具であり、彼我両国のあいだの政治的交渉の継続であり、政治におけるとは異なる手段を用いてこの政治的交渉を遂行する行為である」というものである（※1）。つまり、戦争という、日常的には用いられない暴力的な手段である軍事力が用いられる状況においても、軍事力はナショナリズムや闘争本能のような衝動のままに行使されるのではなく、政治的な営みとして、政治に設定された目的を実現するための手段として行われると位置付けたのである。

これは国際政治における重要な原則であり、現在の世界においても軍事戦略を考える上で一般的なフレームとなっている。対立する政治勢力の間で、対立をほかの手段で解決できなくなったときに、軍事力が使われる。ただし、それはお互いに政治的目的を達成するために使用されるのであって、破壊そのものが自己目的化しているわけではない。つまり、軍事力は、衝動の発現としてではなく、政策の「道具」として使われるのである。

このように、政策の「道具」としての戦争に着目するならば、創作であっても、関係する政治勢力の間で、どのような政治的対立があり、その対立がどのように戦争につながっていたのかが描かれて初めて、「戦争」を描いたといえるだろう。その意味で、政治的な意思決定が捨象されている作品においては「戦争」をリアルに描写しているとは言いがたい。そこでの「リアル」さは、「戦争」というよりも、その中で展開する「戦闘」に限られる。

ただし、これも創作の方向性としてみれば十分に意味があることではある。なぜなら、「戦争」に置かれた一人ひとりの人間の生き様を描くとするならば政治的な意思決定を描く必要はないからである。むしろ戦争を、人間の日常生活に降りかかってくる「災い」であると捉えることで、理不尽な「災い」の中で生き抜こうとする人々の苦闘と、登場人物たちの成長を描いているということができる。実はこれはSFアニメに限られたものではない。古典文学作品になるが、ナポレオンのロシア侵攻を描いたトルストイの『戦争と平和』でも、ナポレオンやロシア皇帝の政治的な意思決定といった人間たちの選択というよりも、「時代の流れ」の中で戦争が始まり、帰趨が決まっていくといった戦争観が示されており、ナポレオンを含めた登場人物が、その中で翻弄されながら生き抜いていく姿が描写されている。

なお、現実世界においては、政治的な対立のすべてが戦争につながるわけではない。実際には、政治的な妥協によって戦争そのものは回避されることが多い。しかし、これも創作として考えると、日常が壊れ、「戦争」になるからこそドラマが展開するのであり、政治的な妥協が成立してしまっては、日常が日常として継続することになるので、ドラマとして成立しなくなってしまう。

このように考えてみると、現実の戦争を研究対象とする国際政治学における戦争の論じ方と、SFアニメにおける戦争の描かれ方に大きな違いがあるのは当然だともいえる。国際政治学の、特にリアリズムと呼ばれる学派では、戦争は国の政策（ステートクラフト）のひとつの手段として捉えられ、政治的な意思決定に基づいて軍事力を行使するか否かが決められると考える一方、戦争を扱うSFアニメにおいては、戦争という状況における人間たちの生き様が主題となるから、政治的な背景よりも個々の登場人物がおかれた状況を描き込むことが重要になってくる。

そうした違いがあることを前提にした上で、国際政治学における戦争の研究と、SFアニメにおける戦争の描かれ方との間の重要なギャップを指摘しておきたい。それは、「どうすれば戦争を防げるか」という点であり、前章で論じた、「希望」と「絶望」との関係性に関連する論点でもある。いくつかの日本のSFアニメでは、お互いの理解を深めたり、経済的な格差を小さくすることで戦争を防げるというテーゼが示される。その１つの方向性が『機動戦士ガンダム』で提示された「人の革新」としてのニュータイプ論である。一方、国際政治学の特に構造的リアリズムに基づくならば、ニュータイプのような人の革新が進んだとしても、戦争はなくならないと考えられる。次節ではここまでの考察をベースに、特にリアリズムを中心に、国際政治学における戦争の考え方を要約する。

2. SFアニメの戦争と現実の戦争のギャップI —— 戦争の原因

戦争が起こらない条件

国際政治学とは、国家と国家の政治的な関係を研究する学問である。そして戦争とは、国家同士の政治的関係の一局面ではあるが、多くの人命が失われる極限的な状況である。そのため、「戦争はなぜ起こるのか」「どうすれば戦争を防ぐことができるのか」という問いには非常に重要な意味がある。人類の歴史の中で戦争が絶えない以上、「なぜ」を突き詰めて考えていくことが必要だからである。

なお、国際政治学における数理的なアプローチにおいては、どのような状況が実現すれば戦争が起こらないかは明らかになっている。その条件は２つある。１つは、敵と味方のすべての情報が手に入っており、戦争になった場合の結果が予測可能なことである。合理的な政策決定者であれば、負けるとわかっている戦争をあえて戦うことはない。そのため、負けることが正確に予測できていれば、戦争を避けて、不利なかたちであったとしても相手の要求を受け入れた外交的協定を結ぼうとする可能性が高くなる。

ただし、正確な予測だけでは十分ではなく、もう1つの条件が満たされる必要がある。それは、国家が約束を絶対に守ることが保証されていることである。外交的な協定を結んだとしてもそれが破られる可能性があるとすれば、負けるとわかっていても合理的な選択として戦争を選ぶ余地が生まれる。それは、時間軸で見て、「今」戦争をして負けるよりも、「未来」に戦争をして負けたほうが大きな損害を受ける場合である。もし、約束が守られることが保証されるならば、不利な条件であっても外交的協定を「今」結んで戦争を回避したほうが合理的である。しかし、「今」結んだ外交的協定が守られる保証がなく、「未来」における戦争はより大きな損害を受けるとするならば、戦争を「今」戦うほうが、相対的に見て損害が小さくなる。そのため、約束が守られる保証がない場合には、戦争の結果が正確に予測できていても、政策決定者は「合理的な判断」の結果として、戦争を選ぶ可能性があることになる。

しかし、これはあくまで理論上のことであって、現実世界ではこの2つの条件は成立しない。まず、そもそも敵味方のすべての情報を入手して戦争の結果を正確に予測することは不可能である。現在進行中のロシア・ウクライナ戦争でもしばしば起こっていることだが、敵どころか味方の能力さえ正確に予測することは難しい。特に、戦争は相手がいるものであり、味方の能力がどれほど高くても、敵の能力がそれ以上に高ければ、戦場では敵が優位になる。そうした意味で、よほど戦力の差が大きい国同士の戦いでなければ、戦争の結果がどうなるかはやってみないとわからない部分がある。

また、第2の条件であるところの、約束が必ず守られる保証は現実の世界には存在しない。国内社会であれば、契約違反は訴訟の対象となり得るし、裁判所の判決は強制力を持つ。しかし、国際社会で国家が条約を破ったとしても、それを裁く国家より上位の権威は存在しない。このように、「戦争が起こらない条件」は数理的には特定できているものの、それは現実の世界には成立しないのである。

攻撃有利か、防御有利か

別の考え方として、軍事技術や地理的条件が「攻撃側に有利」か、「防御側に有利」かが戦争の原因になり、攻撃有利な状況が戦争の構造的な原因となってしまうという「攻撃・防御バランス理論」がある（※2）。攻撃有利の状況だと、相手に攻撃されると守り切れないから、先制攻撃をかけたほうが優位に立ちやすい。こうしたときは、対立する2つの国の双方が「先制攻撃をかければ有利になる」と考えてしまうことになる。そうなると、何かの要因で対立が深刻化した場合、お互いに相手より先に攻撃しなければならないというプレッシャーが働き、結果的に戦争になりやすくなってしまう。一方、防御有利の状況であれば、先制攻撃をかけたとしても優位に立つことができない。だとすれば、対立が悪化したとしても、外交的な解決を模索する時間を十分にとることができるから、戦争の可能性が低下すると考えるのである。

ただし、この議論もまた、現実に適用するのは難しい。まず、戦争とは政治的な対立が原因になって起こるものであるにもかかわらず、「攻撃・防御バランス理論」は政治的要素を捨象してしまって、軍事力というテクニカルな要因に戦争の原因を求めているという大きな問題がある。また、「攻撃側に有利」か「防御側に有利」かを見極めるのは簡単ではない。「攻撃・防御バランス理論」では、関係する国々の政策決定者が、「攻撃側に有利」と考えるかどうかがポイントなので、攻撃側が有利なのか防御側が有利なのかを客観的に分析できる必要はないが、そもそも何が攻撃で何が防御かというのは実際には判定が難しい。たとえば、「攻撃・防御バランス理論」では、相互核抑止の状態を「防御側に有利」だから戦争になりにくいと考える。相互核抑止とは、お互いが相手の先制攻撃では完全には撃破されないようなかたちで核戦力を整備している状態だから、攻撃を仕掛けても優位に立つことができず、結果として先制攻撃を仕掛けるインセンティブが低下するからである。しかし、核兵器を「防御側に有利」と位置付けるのは直感的な理解に大きく反している。こうしたことから、「攻撃・防御バランス理論」は興味深い考え方ではあるものの、説明力には限界があると考えられる。

「人間」か、「国家」か、「国際システム」か

ここではSFアニメにおける戦争の描かれ方を分析する手がかりとして、「分析レベル」の考え方を紹介しておきたい。これは、米国の国際政治学者であるケネス・ウォルツが編み出した考え方で、国際政治学の重要な基本的枠組みとなっている。彼は、1959年の著書『人間・国家・戦争：理論的分析』で、3つのアプローチから、戦争の原因について行われてきた議論を分析した（※3）。3つとは、個人、国家、国際システムで、彼はそれぞれ、第1イメージ、第2イメージ、第3イメージと名付けた。

まず、第1イメージの個人から見てみよう。これは、人間の欲望や邪悪さに戦争の原因を求める考え方である。つまり、意思決定を行う政治家の愚かさであるとか、攻撃的な衝動、あるいは利己主義によって戦争が引き起こされると考える。いわば、戦争は「悪い政治家」が引き起こすという立場であり、逆にいえば、社会心理学的アプローチなどを用いて政治家の人格を変えることができれば、戦争を防ぐことができるというように考えられる。

しかし、すべての局面で戦争を選択する政治家はまず存在しない。同じ政治家がある局面では戦争を選択し、別の局面では戦争を選択しないことは実際にはよく見られる現象だが、人間の邪悪さに戦争の原因を求める場合、こうしたことが説明できない。また、第1イメージでは、個人の心理や性向に注目するあまり、政策決定に至る政治システムについての考察が欠落する傾向があるとウォルツは指摘して

いる。戦争が、国家と国家の政治的対立によって起こる社会現象である以上、政治的側面を無視したかたちで戦争の原因を解き明かすことは難しいのである。

第2イメージは、国家に戦争の原因を求める考え方で、具体的には、戦争を志向しやすい国家があると考えるものである。たとえば、19世紀から20世紀初頭にかけての社会主義や共産主義思想からは、資本主義国家は帝国主義を追求して戦争を志向しやすいと批判された。あるいは、権威主義国家よりも民主主義国家のほうが平和的な志向性が高く、民主主義が広がれば戦争が減ると考える「民主主義の平和」という議論がこの第2イメージに当てはまる（※4）。

第3イメージは、国家でも個人でもなく、国際システムに原因を求める考え方である。現在の世界に広がっている国際システムでは、主権国家が最高の権威と最大の権力を有している。これらの国家の上位に立つ超国家組織は存在しない。超国家組織が存在しないため、国家同士の約束である条約を強制的に守らせる権威や権力も存在しない。この状態を国際政治学ではアナーキーと呼ぶが、そのため、それぞれの国家は自己の生存を自助（セルフヘルプ）に頼らざるを得なくなる。その場合、最も安全なのは、ほかの国に優越した軍事力や経済力を持つこととなる。そのため、国家はそれぞれ国力を強化するために拡張主義になりがちであり、必然的にほかの国家との勢力争いを引き起こし、最悪の場合に戦争に至るという考え方である。この第3イメージでは、「悪い政治家」も「悪い国家」も存在しない。国際システムが「自助の体系」であるが故に、政治家のパーソナリティや国家の統治システムの性質とは無関係に、国家は戦争をしなければならなくなるときがあるとする考え方である。

第1イメージが支配的なSFアニメの戦争観

この視点でSFアニメにおける戦争の描かれ方を見てみよう。すると、そのほとんどから、第1イメージに基づく戦争観が見てとれる。

たとえば、『機動戦士ガンダム』における戦争は、スペースノイドと地球居住者（アースノイド）の対立から起こったものであるが、劇場版の『機動戦士ガンダムⅡ　哀・戦士編』（1981年）で、地球連邦軍のレビル将軍が「ニュータイプとは、戦争なんぞせんで済む人類のことだ」と端的に語っているように、「ニュータイプ」への「人の革新」によって戦争を防ぐことができるのではないかという希望が語られる。こうした、人間が変われば戦争を防げるという考え方は、まぎれもなく第1イメージである。ガンダムシリーズでは、『∀ガンダム』（1999年）で、以前の戦争の記憶を「黒歴史」として封印し、人間の闘争本能を抑制することで戦争のない世界が実現したと描かれるが、これもまた、個人をベースに考えるという意味で第1イメージに基づいているといえる。

『機動戦士ガンダム』と時系列的に連続している「宇宙世紀シリーズ」のガンダムとは異なる「オルタ

ナティブシリーズ」と呼ばれる作品にも、第1イメージに基づく戦争観が見てとれる。ガンダムSEEDシリーズ第2作の『機動戦士ガンダムSEED DESTINY』では、物語中の国家であるプラントの最高指導者であるギルバート・デュランダル議長が、遺伝子に基づいて個々の人間の能力を詳細に分析し、社会の中で適材適所に配する「デスティニー・プラン」という構想を実現させようとする。

デュランダル議長は、戦争の原因を「我ら自身の無知と欲望」(第46話「ミーア」)とし、遺伝子の分析によって「人を知り、自分を知り、明日を知る」ことが、戦争という「繰り返される悲劇を止める、唯一の方法」と説く。これは、人間一人ひとりの欲望が戦争の原因になると考えた上で、遺伝子の分析により、それぞれの人間が自分の能力を知り、能力に見合った役割を社会で与えることで、戦争につながっていく個人個人の欲望を制御していくという構想である。個人個人の欲望に戦争の原因を見いだしていることからわかるように、第1イメージに基づく戦争観となっている。

オルタナティブシリーズの作品では、ほかにも、ガンダムシリーズとして地球外生命体との戦いを描いた唯一の作品である『機動戦士ガンダム00』(2007年)の劇場版『機動戦士ガンダム00 A wakening of the Trailblazer』(2010年)からも、第1イメージに基づく戦争観を見てとることができる。この作品では、地球人類が、木星で地球外生命体のELSと接触する。ただしELSは人型の知的生物ではなく、金属生命体というまったく異質な生命体であり、意思疎通もできないままに地球人類と交戦状態に入る。ＥＬＳの圧倒的な物量の前に地球側は壊滅状態に陥るが、主人公の刹那・Ｆ・セイエイがＥＬＳの母艦に単機で突入して、量子コンピュータ「ヴェーダ」の支援のもとに「人類の存亡を賭けた対話」を試みる。結果、ＥＬＳが太陽系外に起源を持つ知的生命体であり、母星が滅亡に瀕したために木星に退避し、ほかの知的生命体の支援を求めている生命体であることを刹那たちは理解し、さらに相手を知るためにＥＬＳの母星に向かう。最後には地球人類とＥＬＳがお互いを理解し、共存関係にある場面が描かれる。

時系列的には劇場版の前のストーリーであるテレビ版の『機動戦士ガンダム00』では、ヒロインのマリナ・イスマイール王女が、戦いを続ける刹那に対して、武器を取るのではなく、相手とわかり合うことが大切だと繰り返し説く場面がある。劇場版のラストシーンは、これまでの2人のやりとりを回収したかたちになっており、ＥＬＳと融合した刹那が、年老いたマリナを訪れて「わかり合うこと」が重要だとするマリナの考えが正しかったと伝え、最後のカットには「Peace cannot be kept by force. It can only be achieved by understanding」（平和は力によっては維持できない。それは理解によってのみ達成される）とのテロップとともに完結する。つまり、異生物間の戦争であっても、ＥＬＳと地球人類のそれぞれの個体同士が共通理解を形成することで戦争が終結したという描写になっており、第1イメージに基づく戦争観に立脚しているといえるのである。

ガンダム宇宙世紀 略年表

U.C.	出来事
0001	西暦から宇宙世紀に移行。改暦セレモニーで爆弾テロ。初代地球連邦首相リカルド・マーセナルら死亡（ガンダムUC）
0079	ジオン公国、地球連邦政府に対し独立を宣言（一年戦争）（機動戦士ガンダム）
0080	一年戦争終結。月のグラナダで地球連邦軍とジオン共和国による終戦協定締結（機動戦士ガンダム）
0083	ジオン残党のデラーズ・フリート、宇宙要塞ソロモンに核攻撃（機動戦士ガンダム0083）
0083	デラーズ・フリートの武装蜂起鎮圧後、ジャミトフ・ハイマンの提唱によりジオン残党狩りを主任務とするティターンズ結成（機動戦士ガンダム0083）
0085	30バンチ事件。ティターンズが30バンチコロニーに毒ガスを注入して住民を虐殺、反地球連邦運動活発化（機動戦士Zガンダム）
0087	エゥーゴ、地球連邦軍のジャブロー基地を攻撃（機動戦士Zガンダム）
0087	小惑星帯に逃れていたジオン残存勢力、小惑星アクシズを根拠地として地球圏に帰還（機動戦士Zガンダム）
0088	エゥーゴとティターンズの戦闘でティターンズが敗北（機動戦士Zガンダム）
0088	ジオン残存勢力、「ネオ・ジオン」を名乗り、ハマーン・カーンの指揮のもと地球や各コロニーに進攻（機動戦士ガンダムZZ）

0089	エゥーゴ、ネオ・ジオンに勝利。ハマーン・カーン戦死（機動戦士ガンダムZZ）
0092	ネオ・ジオン、シャア・アズナブルを総帥として スペース・コロニー「スウィート・ウォーター」を占拠（機動戦士ガンダム 逆襲のシャア）
0093	ネオ・ジオン、小惑星アクシズを地球に落下させようとするが失敗（機動戦士ガンダム 逆襲のシャア）
0096	ネオ・ジオン残存部隊と地球連邦軍（ロンド・ベル隊）が交戦（機動戦士ガンダムUC）
0097	ジオン共和国軍と地球連邦軍が交戦（機動戦士ガンダムNT）
0100	ジオン共和国の自治権放棄をもって、戦乱の消滅を宣言
0104	反地球連邦組織「マフティー・ナビーユ・エリン」（マフティー）、地球各地でテロ攻撃を行うが最終的には鎮圧。 マフティーのリーダーは処刑。以後連邦軍は反地球連邦運動に対する弾圧を強化し、 反地球連邦運動は表面的には沈静化（機動戦士ガンダム 閃光のハサウェイ）
0123	クロスボーン・バンガード軍、フロンティアコロニーを襲撃、 コスモ・バビロニアの建国を宣言（機動戦士ガンダムF91）
0149	サイド2においてザンスカール帝国建国宣言（機動戦士Vガンダム）
0153	ザンスカール帝国と地球連邦の間で休戦協定（機動戦士Vガンダム）
はるかな未来	地球および宇宙で交戦（ガンダム Gのレコンギスタ）
はるかな未来	月に住む人類（ムーンレイス）と地球に住む人類が交戦（∀ガンダム）

イデオンの特異性：第3イメージ的な戦争観

では第2イメージに基づく戦争観が見てとれる作品にはどのようなものがあるだろうか。実はそれはあまりない。SFアニメでは、ガンダムシリーズの「地球連邦」やマクロスシリーズの「統合政府」のように、地球人類が単一国家になっていることが多く、そもそも複数の国家が描かれることがあまりない。そのため、国家システムとして好戦的であるか平和的であるかを論じる余地がほとんどない。さらに、日本のSFアニメには全般的に正義を相対化する傾向があるから、国家の性質に戦争の原因を求めるかたちのストーリーはほとんど見られない。

第3イメージも多くはない。貴重な例外といえるのが、『伝説巨神イデオン』である。第1章で触れたように、イデオンは、地球人類とバッフ・クランの戦いを描いたアニメである。両者の母星は500万光年離れているが、その中間点にあるソロ星（同じ星をバッフ・クランはロゴ・ダウと名付けている）で接触し、半ば偶発的に戦闘が開始される。地球人類とバッフ・クランの知能レベルや技術水準はほぼ同程度だが、戦争は拡大し、バッフ・クランは主人公のコスモたちが乗るソロシップを追撃しながら、地球人類の母星である地球の位置を突き止めて攻撃を行う。『機動戦士ガンダム00』の地球人類とELSと異なり、地球人類とバッフ・クランはお互いに人型の知的生命体であり、言語も解析できているから意思疎通もできる。しかし、バッフ・クランは戦争回避の努力を行わずに戦いを続ける。それは、「地球人類を滅ぼさなければバッフ・クランが滅ぼされる」とバッフ・クラン側が認識しているからである。これは国際政治学における構造的リアリズムの発想に近い。

仮に外交的に地球人類とバッフ・クランが平和協定を結んだとしても、その協定を強制的に守らせるメカニズムは存在しない。国際政治学における攻撃的リアリズムでは大国は自らの生存のためには他国をパワーで上回る必要があり、絶えず膨張しようとする誘因があるから戦争が避けられないと論じられるが（※５）、『伝説巨神イデオン』における地球とバッフ・クランの関係はこれにあてはまる。バッフ・クランがソロ星に調査隊を送ったのは、その位置から母星に大量の流星が飛来しており、大きな損害が出ていたからである。一部の流星がソロシップから飛来している疑いもあったことから、バッフ・クランとしては、自らの安全のために地球人類を攻撃しなければならないと考えられる状況であった。

もちろん、劇中で平和への努力は進められる。特に、最初の接触の後でソロシップに乗り込んだバッフ・クランのカララ・アジバは地球人類のジョーダン・ベスと愛し合うようになり、妊娠もする。彼女は、地球人類と共存の道を選ぶよう、自らの父であるバッフ・クラン宇宙軍総司令のドバを説得しようとするが、ドバは、異星人である地球人類との間で子を作ることを「恥」と捉えた上、「地球人類を滅ぼさなければバッフ・クランが滅ぼされる」という考え方を変えない。

ここから見てとれるのは、ドバは、個人個人が相互理解を高めていくだけではバッフ・クランの安全は確保できないと考えており、アナーキーな状態での安全の確保のためには地球人類を滅ぼさなければならないという第3イメージに近い世界観を持っていることである。ドバの世界観自体が超常的な存在であるイデの意思に誘導されたものともみることができるが、いずれにしても、ガンダムシリーズに見られるような、人の相互理解による平和というテーゼとは対極的に、SFアニメの中では例外的に第3イメージに近い戦争観がイデオンでは示されていると考えられる。

これはウォルツの指摘だが、どれほど個人としての人間が理解しあえたとしても、それは独立した政治的主体である国家同士の関係が平和的になることを意味しない。実際、ニュータイプへの「人の革新」が進んだとしても、それでスペースノイドの自治を巡る問題が解決するわけではない。他者を誤解なく理解できたとしても、その上で地球から宇宙を統治しようとする選択を採ることは十分に考えられるだろう。世界は、国家という集権化された権威を有する政治的主体が並び立つ空間であり、国家の構成員である人間同士がいかなる関係性にあろうとも、国家同士の関係はそれとは無関係に形成されうる。第1イメージに基づく戦争観が唱えるようにそれぞれの人間の相互理解が平和につながるとすれば、それは国家が消滅し、全人類が単一国家になったときであろう（※6）。そう考えていくと、国家がどのように描かれているかということもまた、SFアニメと戦争を考える上で重要な要素だといえる。そこで次節では、SFアニメにおける国家の描写について考察してみる。

3. SFアニメの戦争と現実の戦争のギャップⅡ——国家の描かれ方

国際政治学における国家

国家とは、主権を有し、対内的には暴力を独占し、対外的にはその領域に住む人々の政治的意思を代表すると見なされている政治的な主体である。もちろん、実際には、主権の具体的な内容は時代によって変化している。たとえば、グローバリゼーションが進んだ現在の世界において、経済政策を自分の国の事情だけで決めることは非常に難しくなっているし、NGOや多国籍企業のような非国家主体や、国連をはじめとする国際機構も国家に影響している。ただそれでも、政治的な主体としての国家が、世界において非常に重要な役割を果たしている。

国際政治学においてはリアリズムという考え方がある。ここでは、リアリズムの基本的な議論を参照しながら考察を進めていきたい。リアリズムは、古典的リアリズムや構造的リアリズム、あるいは新古典的リアリズムといった学派に分けることができるが、共通するのは、国家を基本的な分析単位とし、かつ、国際政治におけるパワーの側面を重視することである。特に、現在の国際システムにおいて、国家を超える権威や権力が存在しないことが重要な分析上の前提となる。

世界には200程度の国家が存在するが、それぞれが、最高の権威・権力を持つ主体として並びたっている。国内社会であれば、地方自治体の上位の権威として国家が存在するが、国際システムにおいては、国家を統御する上位権威としての超国家政府は存在しない。ニュートラルな国際組織として国連があるが、国連は国家間の協力組織であり、国家を上回る権威としての超国家政府ではない。そのため、上位権威によってそれぞれの国家の勝手な行動を抑えることができない。この状態を、国際政治学では「中央政府が存在しないという意味でのアナーキー」と呼ぶ。

こうしたアナーキーなシステムにおいては、国家が結んだ「約束」を強制的に守らせることができない。国内社会であれば、個人や法人が契約に違反すれば訴えられたり、法律に違反すれば刑事告訴を受けたりすることがある。そうなれば、国家権力の一部である裁判所が強制力を持つかたちで判決を下す。このように、権威や権力が階層的に形成され、上位権威が存在する状態のことを「ハイアラーキー」(ドイツ語読みの「ヒエラルヒー」のほうがなじみがあるかもしれない)と呼ぶ。

国際システムも、国家を上回る上位権威が存在するハイアラーキーであれば、その上位権威が、国家が「約束」を守ることを国家に強制することができる。しかし現実の国際システムは、上位権威が存在せず、国家が並列的に権威を持つアナーキーな状態にあるため、国家が「約束」を破ったとしても罰せられることはない。国家が「約束」を破ったときの罰は、ほかの国家によってしか下されない。そのために必要なのが「パワー」ということになる。そして軍事力は、経済力などと並ぶ、そうした「パワー」のひとつである。そのため、国際政治はパワーを巡って展開すると考えるのが、リアリズムに共通する特徴である。

ただし、同時に、国際政治が完全な弱肉強食ではないことも指摘しておきたい。リアリズムに基づき、パワーを重視して国際政治を分析するとしても、実際にはある国家が別の国家に軍事力で吸収されることは極めて稀な現象である。第2次世界大戦で壊滅的な敗北を喫した日本もドイツも、戦勝国である米国などに吸収されることはなく、主権国家としては存続した。これは、それぞれの国家の持つパワーには格差があるとしても、主権を持つ国家としての権威は相互に尊重されていることのあらわれといえる。それどころか、実際には国家は増えていく傾向にある。冷戦終結後の１９９０年前後にはソ連が崩壊して15の共和国に分裂したし、最近でも、２００2年に東チモールがインドネシアから独立、２０１１年には南スーダンがスーダンから独立した。

SFアニメにおける国家

約２００の国家からなる現実世界とは異なり、多くの国家が出てくるＳＦアニメはほとんどない。宇宙戦艦ヤマトシリーズ、ガンダムシリーズ、マクロスシリーズを含め、多くのＳＦアニメでは、主権国家が並立している国際システムというよりも、「地球連邦」のような人類統一国家が成立しているという世界観に基づいてストーリーが展開していく。

例外としては、『機動戦士ガンダムSEED』が挙げられる。この作品では、地球上に、大西洋連邦、南アメリカ合衆国、東アジア共和国、ユーラシア連邦、オーブ連合首長国、南アフリカ統一機構、アフリカ共同体、スカンジナビア王国といった複数の国家が存在するとされる。ただ、中立国として物語のカギとなるオーブ連合首長国を除き、その多くは地球連合に参加しているとされ、ストーリーは地球連合と宇宙移民者の国家であるプラントの間の戦争を中心に展開していく。

西暦2307年という設定から物語がスタートする『機動戦士ガンダム00』も複数の国家が設定されており、ファーストシーズンでは、ユニオン、AEU、人類革新連盟という3大国を中心として、主人公が属する非国家武装組織であるソレスタルビーイングとの対決が描かれる。ただこれも、セカンドシーズンでは、ソレスタルビーイングへの対抗のために3大国が連合して地球連邦を形成しており、やはり単一国家となっている。

この2つの作品に共通しているのは、複数の国家が存在しているとはいえ、現実に存在する国家が統合されるかたちで、国家の数自体は少なくなっていることである。たとえば『機動戦士ガンダムSEED』の大西洋連邦は、ワシントンDCを首都とする、米国、カナダ、メキシコ、イギリス、アイルランド、アイスランド、グリーンランドなどからなる連邦国家とされる。『機動戦士ガンダム00』のユニオンもアメリカや南米諸国の連合国家だし、人類革新連盟も、中国やロシアなどの連合国家である。前述した通り、現実の世界では国家は増えていくトレンドにあるわけだが、その逆をいく設定ということでもある。この点については後でまた取り上げる。

国家の描き方について異彩を放っているのが『蒼き流星SPTレイズナー』（1985年）である。米国とソ連が激しく対立していた冷戦のまっただ中に製作されたこの作品では、西暦1996年という設定の中で、現実世界同様に米ソの対立を描いている。米ソの対立は宇宙にも広がり、月や火星にも両国の軍事基地が建設され、火星には核弾頭さえも配備されている。ストーリーは、人型の知的生命体であるグラドス星人と地球人類の戦いとして展開するが、グラドス星人は地球人類よりもはるかに発達した技術水準にあり、すでに光速を超える技術を手にして宇宙へと進出している。

地球の外でも対立を続ける地球人類を観察した結果、地球人類がこのまま宇宙への進出を続ければ、宇宙の平和と安定が損なわれると考え、グラドスは地球を制圧するために太陽系に進攻する。ただし、地球人類も多数の核兵器を有しており、正面から戦えば大きな損害を覚悟せざるを得ない。そこでグラドスは、ソ連には米国の攻撃、米国にはソ連の攻撃と思わせるかたちで米ソの緊張をエスカレートさせ、共倒れを促すという戦略で地球に迫ってくるのである。このように、現実の国名をそのまま使い、現実の世界に存在する対立関係をストーリーに組み込んだという点でユニークな作品であった。

ここでみたように、ごく一部の例外を除いて、SFアニメにおいては国家は細かく描き込まれてこなかった。その最大の理由は、やはりＳＦアニメが報道でもドキュメンタリーでもなく、創作であることであろう。現実のように、２００もの国家が並立している世界を、架空の物語として作り込むことは事実上不可能である。現実世界であれば、日本がどういう国か、アメリカがどういう国か、イギリスがどういう国か、ロシアがどういう国かといったことについて一般的な知識がある。ところが、創作世界において、それぞれの架空の国家の背景知識を作り込んで視聴者に認識させようとしたらどれくらいの話数を要するかわからないし、視聴者のほうも飽きてしまうだろう（アニメ化もされているが、コミックの『ファイブスター物語』や小説の『十二国記』はそうしたかたちで架空の国家を書き込んだ作品である）。登場人物に焦点を当てて作品を作るためには、彼らが生きている世界については単純化して描写せざるを得ない。実際の国名を使えばそれは避けられるが、そうなると今度は「この国は戦争を起こすほど好戦的ではない」といった批判を呼ぶ可能性がある。こうしたことを考えると、単純化したかたちで世界を描写したり、地球連邦というかたちで単一国家として描き出すほうが、物語そのものに集中できるという利点がある。なお、『蒼き流星ＳＰＴレイズナー』では逆に実際の国名を使用することで、米ソが冷戦関係にあるという視聴者の背景知識をうまく利用してストーリーを組み上げていくことができたが、これは一種の例外であろう。

国家は自明なのか：軍事革命論

ここで、１つ根本的なことを考えてみたい。本節の論点は、ＳＦアニメで国家があまり描かれていないことだが、そもそも国家とはそれほど自明の存在なのかということである。『銀河英雄伝説』(１９８８年）の中の言葉に、劇中の大国である銀河帝国と自由惑星同盟について、歴史の始まりとともに存在したわけではないというものがあるが、創作に限らず、実際に現在存在している主権国家のシステムは、人類が集団生活を始めたのと同時に形成されたわけではない。主権のように、国内を一元的に統治し、国外に対してその領域の政治的権威を代表する概念が登場したのはそれほど古いわけではない。最初に生まれたのは17世紀頃のヨーロッパで、それから世界中に広がって現在に至っている。だとすれば、人類の歴史が進むとともに、主権国家の概念それ自体が変容して地球連邦のようなかたちになっていくというのもまったくの荒唐無稽な議論とはいえない。国家という制度が歴史の始まりとともに存在したわけではない以上、歴史の終わりまで存在し続けるとは限らないからだ。

その関連で、ここでは「軍事革命」を巡る議論を参照したい。これは、17世紀になって軍事技術が進展し、火器が登場したことが強力な常備軍を整備する必要を促し、封建的な統治システムが打破されて、現在に至る主権国家を生み出していったという考え方である。これは、軍事技術の発達が、戦場だけではなく社会全体の変革を促したという意味で「軍事革命」と呼ばれる（※7）。

この時期の火器は火縄銃だが、火器が戦争の主役になると、銃そのものだけでなく火薬や銃弾も大量に調達し、戦場に輸送していかなければならない。戦争に負けると滅んでしまう以上、一定の力を持つ政治勢力にとってこれは避けられない選択であった。しかし、それには膨大なコストがかかるために、貴族や封建領主が自前で整えていくのは不可能であった。そのため、より大きな政治単位としての国家が必要になり、それまでの政治権力を統合していったと考えられたのである。そして、こうして形成された国家が、火器を中心とした戦争を戦い、ほかの地域でも国家の誕生を促していくことになる。この軍事革命論の提唱者の1人であるチャールズ・ティリーは、端的に「戦争が国家を作り、国家が戦争を作った」との言葉を残した。この軍事革命論については論争もあるが、日本の明治維新が、西欧列強に対抗するために幕藩体制を打破して主権国家を作るかたちで行われたことを考えれば、一定の妥当性はあると考えられる議論である。

軍事革命論を援用すれば、17世紀における火器を中心とした常備軍のように、現在の主権国家ではまかなえないほどの大きなコストを必要とする何かが必要となった場合、国家を基本的な単位とする現在の世界を大きく変えていくとの仮説を立てることもできる。

その点で興味深いのは、『機動戦士ガンダム00』の世界設定である。『機動戦士ガンダム00』は、西暦2307年から始まる物語だが、宇宙空間に巨大な太陽光発電衛星を浮かべ、そこからの電力を軌道エレベーターによって地球に供給しているという基本設定がある。そして、そのエネルギー供給を中心に国家が再編され、アメリカを中心とするユニオン、ヨーロッパを中心とするAEU、中露を中心とする人類革新連盟が形成されたとされている。このように、膨大な初期投資を必要とする宇宙からのエネルギー供給を行うということであれば、主権国家体制が再編されて、国家の数が減っていくということは未来の1つのシナリオとしては考えられないことはない。

また、『超時空要塞マクロス』は、西暦2009年という設定の物語であるが、前日譚として、「統合戦争」が戦われたことになっている。これは、西暦1999年に巨大戦艦が宇宙から落下し、そのことから宇宙で戦争が展開していることが推測されたため、地球人類の総力を結集するために、国家の枠を越えて統合政府を樹立する動きとそれに反対する動きとが生まれ、両勢力の間で起こった戦争とされている。これは『マクロスゼロ』（2002年）で描かれているが、宇宙戦争に備えて地球に統一的な政体が必要という動きが生まれたとすれば、軍事革命論のSF版ということになる。

それでも、国家は重要

ただし、地球全体ではなく、現在の国家のような、一定程度の地理的広がりにとどまる統治機構には利点があることも事実である。実際には、地球人類は民族的にも、言語的にも、宗教からみても、多元的な存在である。そのため、現実の世界では、言語や宗教をある程度まとめるかたちで国家が形成されることが多い。民族についても同じことがいえる。そうしたことが背景となって、国家は減るのではなく増える傾向にある。一人ひとりの人間が、自分の生まれ育った土地をベースにした生活習慣を持っていて、言語や宗教を含めて、ほかの土地に住む人々とは違うかたちで生活をしている以上、地球全体というスケールではなく、よりローカルな単位での政治体制のほうが都合がいいのである。この点はSFアニメでは捨象されがちな傾向にある。まず、ほとんどのSFアニメでは言語は単一である。さらに、より重要な論点として、日本のSFアニメで宗教的多様性が描かれることはほとんどない。『機動戦士ガンダム00』では、主人公の刹那は中東のクルジス共和国の出身で、ヒロインのマリナはやはり中東のアザディスタン王国の王族と設定されている。だとすればイスラム教徒である可能性が高いと推測されるが、物語中でイスラム教を信仰していることをうかがわせる場面はない。そう考えていくと、地球連邦のようなかたちで単一政体が描かれていることもまた、創作としての設定として割り切っていく必要があるように思われる。

現実とのギャップ

このように、国家を捨象し、かつ第1イメージを中心にした戦争観をベースに戦争を描いていくと、現実世界における戦争との間で大きなギャップが生じる。現実の世界では、多数の国家が並立的に存在しており、抑止力をはじめとするパワーの均衡であったり、国際機構を通じた協力であったり、外交的妥協であったり、経済的相互依存の進化を通じてであったり、様々なかたちで戦争を防ぐ努力が行われている。無意識的であれ第１イメージをベースにしている日本のＳＦアニメにおける典型的な戦争の描き方では、第３イメージに基づく戦争観を踏まえた上での平和への努力が欠けてしまう。

さらにいくつかの作品では、戦争の原因を「軍産複合体」なるものに単純化して描くこともある。『機動戦士ガンダムSEED DESTINY』では、「ロゴス」という軍産複合体の組織が描かれ、彼らが地球連合政府の背後にいて戦争を引き起こしていると描写される。ガンダムの宇宙世紀シリーズの１つである『機動戦士ガンダムＵＣ』（２０１０年）では、作品中に登場するアナハイム・エレクトロニクス社という巨大軍需産業が宇宙世紀における戦争の黒幕として描かれる。『機動戦士ガンダム 水星の魔女』（２０２２年）でも、いくつかの巨大企業が国家の枠組みを越えて地球周辺の宇宙を支配しており、「戦争シェアリング」として地球上で戦争を引き起こし、莫大な利益を上げていると描写されている。第１章で、日本のＳＦアニメでは正義が相対化されていると述べたが、実は上記のようないくつかの作品では、軍産複合体を単純な「悪」として描いており、それを打倒する戦いが描かれるかたちでストーリーが展開していくこともある。

また、アナーキーではなく、ハイアラーキーな秩序を形成することで戦争を防ぐというアイデアもしばしばみられる。『機動戦士ガンダム00』におけるソレスタルビーイングは、ファーストシーズンで戦争に介入し、戦争を始めた勢力に制裁を加えて戦争を強制的に終わらせようとするが、これは国家を超越した軍事力による戦争の抑止である。セカンドシーズンでは、地球連邦の軍事組織である「アロウズ」が、「メメントモリ」という巨砲兵器を切り札として、地球連邦への加入に反対する勢力に武力で制裁を加える。『機動戦士ガンダムSEED FREEDOM』（2024年）では、その前の二作で描かれた戦争を受けて、「コンパス」という武力介入組織が結成されており、戦争に介入して交戦国に武力で制裁を加えている。『新機動戦記ガンダムW Endless Waltz』（1997年）でも同様に、人類同士の戦争に介入して阻止するための武力を持つ「プリベンター」という組織が結成されている。

ガンダムシリーズ以外では、『文豪ストレイドッグス』（2016年）の第5シーズン（2023年）に、ハイアラーキーな秩序による戦争阻止が描かれる。『文豪ストレイドッグス』は、中島敦や芥川龍之介などの実在した文豪の名前を持つ登場人物たちが、実在する作品に因んだ超能力（作中では「異能力」と呼ばれる。中島敦の異能力は「月下獣」、芥川龍之介の異能力は「羅生門」と呼ばれる）を武器に戦いを繰り広げる作品である。

この中で、「軍警」という日本政府の治安組織の秘密警察にあたる組織のリーダーである福地桜痴が、世界で起こるテロの対策として、テロと戦うための人類軍の司令官になるとともに、人間の精神を支配し、部下が必ず命令通りに動くようになる異能兵器の「ワンオーダー」の使用権を握る。福地は、実はそのテロの黒幕でもあったことから、彼が世界征服のために「ワンオーダー」を手にしようとしていると民間の治安維持組織「武装探偵社」は判断し、それを阻止しようとする。

そして最後は、福地の親友でもあった武装探偵社のリーダーの福沢諭吉が、自らの刀で福地を斬り倒す。しかし福地は、自らが世界を征服する意図はまったくなく、むしろ「ワンオーダー」を福沢に託すために使用権を得たのであり、実は福沢も「ワンオーダー」を使用できるように設定してあると死に際に告白する。「ワンオーダー」には、人類軍すべてに対して命令する能力がある。高潔な人格を持つ福沢にそれを託せば、あらゆる戦争を阻止できるというのが福地の考えであった。さらに、戦争はお互いを「彼ら」と呼び合う遠い関係の人々との間で起こるのであり、人類がみな「我ら」と呼び合うほどに近しい関係になることができれば戦争はなくなるという考えを福地は語る。これは、ガンダムにしばしば見られる「わかり合う」ことによって戦争は防ぐことができるという考え方に近い。そして、それでも戦争が起こってしまいそうなときは、国家より上位の権力である「ワンオーダー」によってコントロールされる人類軍によってそれを阻止するという、ハイアラーキーな秩序を示しているものでもある。

こうしてみると、ＳＦアニメにおける戦争や、戦争を防ぐための方法論は、数多くの主権国家が併存し、民族や宗教の対立が理由となって多くの戦争が発生している現実の世界とは大きくかけ離れていると指摘せざるを得ない。戦争を防ぐための努力として重視されるのは、第1イメージに基づく、人間同士の相互理解の増進であることが多いし、軍事力が必要だとしても、ハイアラーキーな秩序による上位権力からの武力による抑止というかたちがしばしばみられる。これは、いずれも、現実世界の戦争とは大きく乖離しているのである。だとすると、SFアニメにおける戦争観をベースに、現実の戦争を理解しようとするのは危険であろう。

たとえば、ロシア・ウクライナ戦争に際して、「ディープステート」が米国などを陰で動かしているとか、軍産複合体が陰で扇動しているといった陰謀論的な論調が少ないながらも根強く存在することが観察された。そう考えると、SFアニメのようなポップカルチャーといえど、戦争の原因論はきちんと描いていく必要があるように思われる。少なくとも、いかに「リアル」に見えたとしても、SFアニメにおける戦争はあくまでも創作であるという割り切りは不可欠であろう。

※1　カール・フォン・クラウゼヴィッツ（篠田英雄訳）『戦争論 上』（電子書籍版）（岩波書店、2019年）、81頁。

※2　Stephen Van Evera, *Causes of War: Power and the Roots of Conflict*, (Cornell University Press, 2001)

※3　Kenneth N. Waltz, *Man, the State, and War: a Theoretical Analysis, with a new preface,* (Columbia University Press, 2001). 邦訳版。ケネス・ウォルツ（岡垣知子、渡邉昭夫訳）『人間・国家・戦争：国際政治の3つのイメージ』（勁草書房、2013年）。

※4　Michael E. Brown, Sean M. Lynn-Jones, and Steven E. Miller, *Debating Democratic Peace,* (MIT Press, 1996).

※5　John J. Mearsheimer, *The Tragedy of Great Power Politics,* (W.W. Norton, 2003).

※6　Waltz, *Man, the State, and War, kindle edition*, p.69.

※7　軍事革命論については、以下の文献が参考になる。Charles Tilly, ed., *The Formation of National States in Western Europe* (Princeton University Press, 1975); Clifford J. Rogers, ed., *The Military Revolution Debate: Readings on the Military Transformation of Early Modern Europe,* (Westview Press, 1995); Brian M. Downing, *The Military Revolution and Political Change: Origins of Democracy and Autocracy in Early Modern Europe,* (Princeton University Press, 1991).

COLUMN

冷戦期の米ソ協力を描いた『蒼き流星SPTレイズナー』

異星人との戦争を描いたSFアニメは数多いが、レイズナーはいくつもの点で際だっており、諸事情によって打ち切りになったのが惜しまれる作品である。ここでは2つほど挙げておこう。

1つは物語の前日譚である。月面に着陸した宇宙飛行士のケン・アスカはグラドスという人型知的生命体に捕獲され、その後グラドス星で生活して一定の地位を築いていて、家庭まで作っている。主人公のアルバトロ・ナル・エイジ・アスカはケンの子で、グラドス人の母とのハーフである。このことがすでに、地球とグラドスが同根であることとの伏線となっている。

2つ目は、グラドスの占領行政の描写である。後半ではグラドスに征服された地球が舞台となり、一部の地球人の協力の下にグラドスが占領政策を進めていく。グラドスの一部過激派はニューヨーク図書館を焼き払い、メトロポリタン美術館にも火を放とうとするなど、地球の文化を抹殺しようとする。地球でも征服者の手で幾度か繰り広げられた手法に抗して、少しでも文化を語り継いで立ち向かおうとする普通の人々の戦いも印象的だった。

筆者にとっての個人的な見どころは、第23話から第24話にかけての地球の多国籍軍とグラドスの戦いである。グラドスは「戦略ゲラン衛星」から地球のオゾン層を破壊するビームを放射する。米ソは衛星を破壊するために協力して核攻撃に踏み切るが、SPTの防空網を突破できず、すべてのミサイルが撃破される。

そこで世界各国はエイジたちが持ち込んだSPTのレイズナー、ベイブル、バルディに最後の希望を託す。米国のエドワーズ空軍基地を離陸したエイジたちのシャトルを護衛するため、アメリカ、ソ連、イギリス、カナダ、ドイツ、中国、フランス、スイスが残った宇宙戦力をすべて投入。彼らはグラドスのSPTの前に文字通り盾となって全滅する。放送されたのは冷戦のさなかで米ソが激しく対立していた1985年。その時代にアメリカ空軍とソ連空軍のパイロットが協力して戦う場面は感動的だった。

第3章 SFアニメで描かれてきた戦争

ＳＦアニメは報道でもドキュメンタリーでも学術研究でもなく、あくまで創作である。割り切ってしまえば、戦争は登場人物たちの群像劇を展開させる上での舞台であり、極限的な場での人間の生き様を描くことが目的なのだから、国際政治学での議論に求められるようなかたちで「戦争」を描く必要はない。ある程度の要素を捨象した結果、ある程度のギャップが生まれても大きな問題ではないだろう。ただ、「見る側」としては、ＳＦアニメで描かれている戦争は選択的な「リアリティ」しか持っていないという割り切りは必要になる。本章では、そう割り切った上で、第2章とは逆に、ＳＦアニメに軸足を置いて、戦争がどのように描かれているかを考察してみる。

1.「攻撃される」立場であることが多い地球人類

戦争を描く限り、創作と現実とで共通することもいくつかある。その1つは、「戦争には相手（＝敵）がいる」ことである。現実の戦争では地球人類同士の戦いであるのに対し、SFアニメではしばしば異星人との戦争が描かれる。この点は大きな違いではあるものの、ほとんどの作品において、異星人も、頭が1つ、手が2本、脚が2本あり、人類と同じような形態をした知的生命体として描かれる。ガミラス人やガトランティス人などの宇宙戦艦ヤマトシリーズの異星人も、『伝説巨神イデオン』のバッフ・クランも、『蒼き流星SPTレイズナー』のグラドス人もみな人型で、マクロスシリーズのゼントラーディ人も、巨人ではあるが形態は人型である。その上で、それらの異星人は、科学力は地球人類より勝っていることもあるが知的水準としては同程度であり、言語によるコミュニケーションを行うことも共通している。

宇宙空間が極めて広く、光速の制約のために行き来が難しいことを考えれば、異星人が地球人類と類似した姿だというのは実は「リアル」とはかけ離れた設定ではある。そこで、これらの物語においてはその理由が設定されていることが多い。たとえば、『蒼き流星SPTレイズナー』では、種としての生命力が低下した先住グラドス人が4万年前に地球にやってきて地球人類の生命核を採取し、それをグラドス人に取り込んだため、両者の形態が同じになったと設定されている（第22話「フォロンとの対決」）。

これがこの作品の核にある「謎」であり、地球人類とグラドス人とは同根の生命体であることを解き明かしていくことが物語後半のカギとなる。マクロスシリーズでも、１億年以上前に銀河系を支配していた人型知的生命体のプロトカルチャーが、自分たちの形態に似せて地球やほかの惑星の生命体の遺伝子に手を加えたりゼントラーディ軍兵士を作り出したとされている。『伝説巨神イデオン』では、地球人類もバッフ・クランも、両者の母星の中間にあるソロ星にいた第六文明人が作り出した「イデの意思」の影響を受けて進化してきたとされている。宇宙戦艦ヤマトシリーズも、『宇宙戦艦ヤマト２１９９』（２０１３年）以降のリメイク版では、古代に存在した「アケーリアス文明」によって人型知的生命体の種が宇宙に広がったために、物語に登場する知的生命体がみな人型であるという設定になっている。

なお、異星人との戦争が描かれているＳＦアニメの多くでは地球人類が異星人に攻撃を受けるかたちになっている。『宇宙戦艦ヤマト』はガミラス人、『さらば宇宙戦艦ヤマト　愛の戦士たち』および『宇宙戦艦ヤマト２』はガトランティス人、『ヤマトよ永遠に』は暗黒星団帝国、『宇宙戦艦ヤマト完結編』はディンギル人が地球に侵攻してくるし、『蒼き流星ＳＰＴレイズナー』はグラドス人による地球制圧である。『伝説巨神イデオン』はもう少し複雑で、お互いに最初から相手を攻撃する意思を持っていたわけではないが、ソロ星での接触の際に半ば偶発的にバッフ・クラン側が地球人類の移民たちを攻撃し、戦端が開かれる。地球人類の移民団も話し合いの意図を持って白旗を掲げての接触を図るが、バッフ・クランにとっては白旗は「相手を殲滅する」という意図を表すものであったため、むしろ戦闘が激化していく。この時点では、地球が侵略を受けているわけではないが、物語の終盤では地球の位置を突き止めたバッフ・クラン側が地球を攻撃する一方、地球側はバッフ・クランの母星に対する攻撃は行っておらず、地球人類側が一方的に攻撃を受けているかたちになっている。

地球人類が侵略的な行動をとっているとした作品としては『マクロスΔ《デルタ》』（２０１６年）がある。マクロスシリーズでは、第1作の『超時空要塞マクロス』以来、ゼントラーディ軍と監察軍の戦いに巻き込まれて地球人類が滅びるのを避けるために、大規模な移民船団を銀河系の様々な方向に向けて派遣している。これらの移民船団のうちのいくつかは、地球人類が生存できる惑星を見つけ出して定住するようになっているが、中には先住知的生命体がいた惑星もある。

これらはいずれもプロトカルチャーによって遺伝子操作を受けた人型知的生命体だが、ゼントラーディ軍との接触で生き残った地球人類がいち早く超光速航行の技術を手にしており、また強力な軍事力を備えていることから、実質的にはほかの人型知的生命体に対して優位に立っているケースが多い。銀河系の辺境にあるブリージンガル球状星団を舞台にした『マクロスΔ』は、地球人類が実質的にほかの人型知的生命体を支配していることに対して不満を持ったウィンダミア人が、地球人類の一部からの軍事支援を受け、武装蜂起して戦う物語である。

さらに、地球人類に対する不満を持っているのはウィンダミア人だけではないことも示唆されている。主人公のハヤテ・インメルマンは地球人類だが、彼と同じ民間軍事会社でともに戦うチャック・マスタングは、やはりブリージンガル球状星団にあるラグナ星人である。作中には、地球から移民船団がやってきてラグナ星に移住してきて、経済的な支配を行ったことに複雑な思いを持っていることを漏らす場面がある。このように、『マクロスΔ』は、地球人類の立ち位置についてほかの多くの作品とは異なる描き方をしている作品である。

2. 謎解き要素が大きい非人型生命体との戦い

なお、数は多くはないが、人型ではない生命体との戦いを描いた作品もある。古くは1980年代後半のOVA『トップをねらえ!』(1988年)での宇宙怪獣、『劇場版 機動戦士ガンダム00 A wakening of the Trailblazer』では金属生命体のELS、『マクロスF』では昆虫型のバジュラ、コミックの原作をアニメ化した『シドニアの騎士』(2014年)では怪物状の奇居子(ガウナ)と戦っている。

こうした、非人型生命体との戦いの場合、「なぜ攻撃してくるのか」それ自体が重要な「謎」となり、それを解き明かしていくことがストーリーの重要な要素となることが多い。『トップをねらえ!』では、宇宙怪獣は銀河系の免疫抗体として人類を排除しようとしているという仮説が示される。『シドニアの騎士』の奇居子は、人類がエネルギーとして使用しているヘイグス粒子に引き寄せられるかたちで現れ、地球さえ破壊してしまう。

『劇場版 機動戦士ガンダム00 A wakening a Trailblazer』のELSと『マクロスF』のバジュラは、行動様式としては類似性がある。『機動戦士ガンダム00』では、人の意思を遠距離まで伝えられる特殊な脳波である「脳量子波」が物語の重要なカギとなっている。テレビシリーズの終盤では、人間は強い脳量子波を発する「イノベイター」へと進化して、認識や意思を共有することができるようになるとされ、実際に主人公の刹那はイノベイターとなる。ELSは強い脳量子波を発する生命体で、まずは脳量子波を発するイノベイターや、人工的に脳量子波を強化した「超兵」と呼ばれる人々に接触する。それは、ELSがそれぞれの個体が別々のアイデンティティを持つのではなく、脳量子波を通じてネットワーク状に結びつく生物であったからで、地球人類でも脳量子波を発する人々を検知して同化に近いかたちで取り込もうとしたからである。これは地球人類から見れば、金属のかたまりが襲いかかってくるようにしか見えない。そのため、地球人類はELSが攻撃してくると認識し、地球への接近を阻止するための大規模な戦いを展開させる。しかし、刹那がELSとの対話に成功し、ELS側が地球人類がどのような生物か理解したことで、戦いは終わり、両者が共存していく未来が実現する。

『マクロスF』のバジュラは昆虫状の生物だが、マクロスシリーズの世界で超光速通信を可能とする「フォールド波」で接続されるネットワーク生物である。バジュラは個体ごとに脳を持たず、個々のアイデンティティは持たない。全体がフォールド波を通じてネットワークとして結びつく群体生物である。ネットワークではあらゆる情報が共有されており、地球人類との戦いのデータなども瞬時に種族全体で共有される。そのため、地球人類が反応兵器（マクロスシリーズでの呼び方。核兵器と推測される）を使用したときも情報が共有され、交戦を繰り返すうちに無効化されてしまう。

マクロスシリーズで物語のカギとなるのは歌だが、『マクロスF』のヒロインであるランカ・リーは、フォールド波を発することができる「フォールド細菌」を体内に宿しているために、歌を歌うと声としてだけでなくフォールド波でも広がっていく。そのランカの歌声をフォールド波としてバジュラは感知することができる。そして、地球人類の中でフォールド波が伝わってくる数少ない個体であるランカを自分たちで救い出すというのが、移民船団であるフロンティア船団にバジュラが攻撃をかけてくる理由であった。

歌がフォールド波として伝わる以上、十分な強さがあれば、バジュラ同士のフォールド波によるコミュニケーションを妨害することができる。そうして、歌をある種の兵器として使いながら、フロンティア船団は戦っていく。もう1人のヒロインであるスター歌手のシェリル・ノームも、やはり体内にフォールド細菌を宿していて、ランカよりは弱いがフォールド波を発しながら歌えるためにバジュラとの戦いに加わる。その中でバジュラも、ランカとシェリルの2人が違うフォールド波を発していることを認識するようになり、地球人類がネットワーク生物ではなく個々のアイデンティティを持つ生物であることを理解する。このように、バジュラがどのような生物なのか、なぜフロンティア船団に執拗に攻撃をかけてくるのか、それ自体が大きな「謎」としてストーリーが展開し、最後はバジュラはフロンティア船団への攻撃をやめ、ほかの銀河のバジュラと交配するために銀河系から去っていくのである。

異色の非人型生命体が登場する作品として、『交響詩篇エウレカセブン』（２００５年）がある。この作品の前史では、マクロスシリーズや『メガゾーン23』と同様に、人類が移民船で地球を離れている。そして人類が地球を空けている間に、スカブコーラルという、地球の地表全体を覆い尽くしてしまうような巨大な生命体が地球に出現してしまう。人類は居住可能な惑星を発見してそこに降り立つが、そこは実際にはスカブコーラルに覆われた地球であった。

しかし、地表の形態が変わっているだけでなく、スカブコーラルはトラパーという特殊な粒子を噴出させているため、人類はしばらくの間、到達した惑星が地球であることにも気付かなかった。地球がスカブコーラルに覆われていることが判明した後、衛星軌道から地殻貫通弾を打ち込んでスカブコーラルの破壊が試みられたりもした。しかし、スカブコーラルは大きな被害を受けた場合、抗体コーラリアンという攻撃的な小型の個体を出現させ、人間を攻撃してくる。一方で、スカブコーラルは、物語におけるヒロインとなるエウレカを人型コーラリアンとして出現させており、地球人類との共存も試みようとしている。劇中世界の中で、人類の統治政体である塔州連邦と反政府勢力であるゲッコーステイトとの戦いが展開していくが、その中で主人公であるレントン・サーストンとエウレカとの関係が親密化していくことを通じて、地球人類とスカブコーラルの共存の可能性が示されるかたちでストーリーが展開していく。

3.「必要による戦争」か「選択としての戦争」か

２００９年に、米国の外交政策の専門家であるリチャード・ハースは、『必要による戦争、選択による戦争（War of Necessity, War of Choice)』（※1）という本を著した。これは、２００３年に起こったイラク戦争で、それまでイラクを支配していたフセイン政権をほんの数ヶ月で倒した米国が、内乱が多発する中で多数の死傷者を出し、国家再建に苦闘したことを受けた議論である。彼は、戦争を「必要による戦争」と「選択による戦争」に分けて論じた。「必要による戦争」は戦わなければならない状況で開始した戦争であり、１９９１年の湾岸戦争がそれに当たるとされた。１９９１年の湾岸戦争は、１９９０年夏にイラクが隣国のクウェートに武力侵攻して併合したのに対し、クウェートの独立を回復するために米国を中心とする多国籍軍が介入して起こった戦争である。これは、イラクがほかの主権国家を武力によって併合するという許されざる行為を行ったために国際法的にも正当だったし、多国籍軍に中東のエジプト軍やシリア軍が参加したことからも明らかなように、国際社会に広範な支持が広がっていた戦争であった。

一方、2003年のイラク戦争は、当時のイラクに向けられていた大量破壊兵器の開発疑惑に対し、国連の査察団の十分な調査を認めなかったといった問題はあったものの、1991年の湾岸戦争ほど強い法的な根拠や国際世論の支持があったわけではなかった。その意味で、戦わない選択をとることが米国の国益を損なうこともなかったとハースは指摘する。少なくとも戦わなければならない必然性は1991年の湾岸戦争よりも低かった。そこでハースは、イラク戦争は「選択による戦争」だと論じたのである。

戦争は結局は人間の決断によって起こるので、ある戦争が「必要による戦争」なのか「選択による戦争」なのかは重要な論点だが、この点について掘り下げたSFアニメはあまり多くはない。これは第2章で論じたように、多くのSFアニメで政治的意思決定が捨象されることが多いのも1つの理由だが、より大きな理由は、戦争するかしないかを決定する政治家が登場人物に含まれることがほとんどないことだろう（例外として、ガンダムSEEDシリーズのカガリ・ユラ・アスハがいる。詳細は後述）。多くの場合、登場人物はパイロットなどの最前線の兵士であるから、その戦争が「必要による戦争」なのか「選択による戦争」なのかを描写する必要はないともいえる。ただし、戦争の「リアリティ」を描写する上で、「なぜその戦争が始まったのか」を描き込むことは必要になることがあるから、この点を取り上げている作品もいくつかある。

この点を正面から取り上げているのが、田中芳樹氏の長編小説をアニメ化した『銀河英雄伝説』である。『銀河英雄伝説』では、劇中の勢力は専制主義の銀河帝国と民主主義の自由惑星同盟とに分かれて戦っているが、主人公が物語開始当時の階級で銀河帝国軍中将のラインハルト・フォン・ローエングラムと、自由惑星同盟軍准将のヤン・ウェンリーという高級軍人であることから、前線の兵士たちの戦いではなく、「戦争をどう戦うか」という、政略的・戦略的な意思決定がむしろ物語の中心となる。特にラインハルトは最終的には銀河帝国皇帝になるので、彼の判断それ自体が銀河帝国の行動を決めることになる。

銀河帝国と自由惑星同盟は、お互いに自分たちこそ人類の正当な政体であると考え、相手の正当性を認めていないことから数百年にわたって戦争を続けている。『銀河英雄伝説』の宇宙船はイゼルローン回廊とフェザーン回廊という狭い回廊状の宙域でのみ航行可能であり、このうちフェザーン回廊は第3勢力であるフェザーンが占めているために、戦闘はイゼルローン回廊で発生する。ただしそのイゼルローン回廊には銀河帝国がイゼルローン要塞という巨大な宇宙要塞を設置していたため、自由惑星同盟はイゼルローン要塞を攻略しなければ帝国領を攻撃できない地理的環境にあった。第7話「イゼルローン攻略！」でそのイゼルローン要塞をヤンが攻略するわけだが、この時点で、帝国領を脅かすことができるようになった自由惑星同盟は戦略的に優位なポジションに立ったため、有利な条件で和平協定を結ぶための外交を展開することもできたはずだし、ヤンはそうした展開を期待していた。しかし、「軍事的勝利は麻薬に似ている」と本編中でナレーターが語るように、悲願であったイゼルローン要塞の攻略に成功した自由惑星同盟は帝国領進攻を望み、さらなる戦争継続を決断する。これは「選択による戦争」の典型的な例といえる。

ほかにもガンダムSEEDシリーズ第2作の『機動戦士ガンダムSEED DESTINY』を見てみよう。ガンダムSEEDシリーズの世界観の根底には、遺伝子を調整されて生まれた「コーディネーター」と呼ばれる人々と、遺伝子調整を受けていない「ナチュラル」と呼ばれる人々が相互に持つ人種差別的な意識がある。第1作の『機動戦士ガンダムSEED』では、コーディネーターが多く住むプラントとナチュラルが多く住む地球連合の双方がそれぞれに優越主義を掲げて激しい戦いが行われる。最終的には、双方の過激な指導者が死亡することで和平交渉が始まり、ユニウス条約という和平条約が結ばれる。しかし、『機動戦士ガンダムSEED DESTINY』序盤で、ユニウス条約に不満を持ち、ナチュラルを殲滅すべきと主張するコーディネーターの一部過激主義者が、廃棄されていたスペース・コロニー「ユニウスセブン」を占拠し、地球に落下させてしまう。地球連合はこれを受け、プラントに実行犯の引き渡しや武装解除、政治的な属国化を迫るが、実行犯がすでに全滅した後であったこともあり、プラントはその要求を拒否する。それを受け、地球連合がプラントに核攻撃を試みるかたちで戦争が再び始まってしまう。

このように『機動戦士ガンダムSEED DESTINY』における戦争は、「ユニウスセブン」の落下というテロを奇貨として、地球連合が無理難題をプラントに押しつけたことによって始まった。「ユニウスセブン」の落下はプラントによる組織的計画ではなく過激勢力によるテロであったから、このこと自体からプラントとの戦争の必然性が導き出されるものではない。その意味でこれは「必要による戦争」ではない。地球連合の強硬姿勢は、コーディネーターを殲滅すべきと考える人種差別的な団体であるブルーコスモスや軍産複合体のロゴスが主導したものであったが、状況的にほかの対応策もあり得たにもかかわらず戦争を選択したという意味で、これもまた「選択による戦争」なのである。

「必要による戦争」「選択による戦争」という視点からみると、ガンダムSEEDシリーズでのカガリ・ユラ・アスハは興味深いキャラクターである。第1作である『機動戦士ガンダムSEED』の世界では、宇宙に住む人々の国であるプラントと、地球のいくつかの国家からなる地球連合との間での戦争が行われているが、カガリは中立のオーブ連合首長国の代表首長ウズミ・ナラ・アスハの娘（養子）として物語に登場する。オーブは中立ではありながら、自国の保有するスペース・コロニーのヘリオポリスで地球連合とモビルスーツの開発を行っていた。それは中立政策との関係で秘密にされていたことであったが、カガリは父のウズミが密かに中立を破っているのではないかと疑い、自分の目で確かめるためにヘリオポリスに変装して赴いたのである。その後、カガリは母国のオーブに戻るが、物語の中盤では、地球連合がオーブの参加を要求する。オーブは地球連合に協力はしていたものの参戦はしていなかったからである。その要求が受け入れられなかった地球連合はオーブを攻撃するが、代表首長のウズミは中立政策を堅持して地球連合と戦う。このとき主人公のキラ・ヤマトたちが乗り組んでいる戦闘艦のアークエンジェルも、いくつかの事情で軍を離脱してオーブに身を寄せていた。ウズミは、オーブ軍の戦闘艦クサナギとアークエンジェルをともに宇宙に脱出させるが、そのときにはカガリも同乗していた。その後、カガリはストライクルージュというモビルスーツのパイロットとして戦う。

第2作の『機動戦士ガンダムSEED DESTINY』では、カガリはウズミの後継者としてオーブ連合首長国の代表首長の地位にある。しかし、オーブはいくつかの氏族が集団指導体制をとっている国家であり、代表首長が独裁的な統治を行える国家ではなかった。ユニウスセブン落下事件によってプラントと地球連合が対立関係に陥ったとき、カガリは中立政策を堅持しようとするが、有力氏族のセイラン家が地球連合に近い路線をとっていたことから、その動きを抑えられずに地球連合を構成する大西洋連邦との同盟締結を余儀なくされ、プラントの軍事部門であるザフトとの戦いに艦隊を派遣する。実はそのとき、カガリはオーブを離れて独自行動をとるアークエンジェルと同行していた。そして、ザフトとオーブ艦隊の戦いを止めるためにストライクルージュに搭乗して戦場に向かい、自分の名を明かして戦闘を止めさせようとする。しかし、これは代表首長としての政治的決定を下したというものではなく、単に個人として戦場に現れて名を明かしただけの行動であり、オーブ軍に偽物と見なされてしまう。

しかし、物語中盤でザフトにオーブが攻撃されたときは、またもモビルスーツで戦場に現れ、国防本部で作戦の指揮をとっていたセイラン家のユウナに自分が本物であると発言させた上で、ユウナを国家反逆罪で逮捕するよう周辺の軍人に命令し、自分で指揮権を掌握し、ザフト軍を撤退させた後で自己の政治権力を確立させている。そして、プラントのデュランダル議長のデスティニー・プラン構想に対しては即座に拒否を表明した。このとき、デュランダル議長は、月面に設置されたレクイエム、機動要塞に設置したネオ・ジェネシスという2つの巨砲兵器によって他国を威嚇し、デスティニー・プランを受け入れさせようとしていた。しかしカガリは、遺伝子ですべてを決めるような社会システムは受け入れるべきではないと決断し、レクイエムを破壊するために艦隊を派遣する。

これは、オーブがレクイエムで攻撃されて壊滅するリスクを伴うものであったが、戦ってでもデスティニー・プランを止める必要があるという、政治家としてのカガリの決断であった。オーブもデスティニー・プランに参加するという決定もあり得た以上、「選択としての戦争」の道を選んだことになる。第1作ではパイロットとして、第2作でも序盤は無力な政治指導者であったカガリが、苦い経験を経て政治的な判断力と決断力を身につけ、戦争に関する政治的な意思決定を行ったことになる。これは、単に政治的な意思決定を描写しただけでなく、政治的な意思決定を行ったことそれ自体でカガリの成長が表現された場面でもあった。

4．個人としての選択

『機動戦士ガンダム00』では、また違うかたちで「選択による戦争」が表現されている。この作品のファーストシーズンでは、謎の武装組織「ソレスタルビーイング」が出現し、既存の国家の戦争に介入する。その際、喧嘩両成敗的に双方を攻撃するのではなく、戦争の原因を作ったと判断された側に攻撃を加え、戦争継続を断念させる作戦を展開する。ソレスタルビーイングは特定の領土を持たない非国家武装組織だが、国家を上回る圧倒的な軍事力を持たなければ既存の国家の武力行使に武力で制裁を加えるような行動はできない。そのためにソレスタルビーイングは、強力なエネルギーを半永久的に産出できるGNドライヴを装備し、性能的に圧倒的に優位にあるガンダムを4機（エクシア、デュナメス、キュリオス、バーチェ）投入して戦う。GNドライヴは、木星のような高重力環境でなければ製作できないエネルギー源で、物語の中盤まではソレスタルビーイングが独占していた。それを背景にソレスタルビーイングは戦争をする国家に武力制裁を行い続けるのである。

このような組織が一朝一夕で作れるわけはない。ソレスタルビーイングは、宇宙での太陽光発電システムや、量子コンピュータ「ヴェーダ」、GNドライヴなど、物語で重要なカギとなる先進テクノロジーの基礎理論を打ち立てた天才科学者イオリア・シュヘンベルグが200年前に主導して結成した秘密結社であり、長い準備期間を経て活動を開始したとされる。その目的は、単に戦争に武力介入してそれを止めさせるということではなく、ソレスタルビーイングを共通の脅威とするかたちで既存の国家群が団結していくのを促し、そこから人類統一国家を形成させていくというものであった。

戦争をやめさせるという大義のもとで、秘密結社であるソレスタルビーイングに多くのメンバーが加入し、200年かけて戦いの準備を進めていったのだが、彼らは、決して必要に迫られて戦っているわけではない。いくつもの選択肢がある中で、イオリア・シュヘンベルグの計画に加わって戦うことを選んだのだから、これもまた彼らにとっては「選択による戦争」だったということになる。

マクロスシリーズの主人公たちの多くも、やはり個人としての選択を経て戦争に身を投じている。『超時空要塞マクロス』の一条輝はもともとエアレーサーだったが、物語の序盤で軍に身を投じて戦闘機パイロットとなる。『マクロスF』の早乙女アルトはもともとは歌舞伎役者だったが、移民船団内に設けられた学校のパイロットコースに入校して学生となっている。そして彼は移民船団を守るために戦う民間軍事会社の戦闘機のパイロットの道を選ぶ。フリーターのような人生を送っていた『マクロスΔ』のハヤテ・インメルマンも、やはり民間軍事会社のパイロットとなって戦う。彼らの場合は、戦争がどのように始まったのかということとは無関係に、戦いが身近に迫ったときに自分の近しい人々を自分の手で守る道を選んだというかたちの描写になっており、その選択に至るまでの葛藤や結論からキャラクターの成長を感じとれる演出となっている。

5.「災い」としての戦争で描かれる個人の無力

日本のSFアニメでよく見られるストーリーが、主人公である民間人（多くの場合少年少女）が平和な日常生活を送っていたところに戦火が及び、選択の余地なく否応なく戦争に巻き込まれ、自分や仲間の身を守るために武器を取って戦いはじめる展開である。

これは特にガンダムシリーズによく見られる。『機動戦士ガンダム』のアムロ・レイ、『機動戦士Zガンダム』のカミーユ・ビダン、『機動戦士ガンダムZZ』のジュドー・アーシタ、『機動戦士ガンダムF

91』のシーブック・アノーがそのパターンでガンダムのパイロットとなって戦うし、ほかにも『機動戦士ガンダムSEED』のキラ・ヤマト、あるいは『伝説巨神イデオン』のユウキ・コスモも同じような流れでパイロットとなっていく。彼らにとっては、「選択による戦争」でも「必要による戦争」でもなく、日常生活が突然戦争によって塗り込められてしまったという意味で、自分たちの意思とは無関係に「災い」として戦争が降りかかってきた。『機動戦士ガンダム』のテレビ版で毎話の最後に流れる予告編が「君は、生き延びることができるか」というナレーションで結ばれていたことが端的に表しているように、選択の余地なく彼らは戦わなければ生き残れない。

また、SFアニメでは、主人公たちが戦争の結果を決めたり、戦争を終わらせる上で決定的な役割を果たすように描かれる作品もあれば、逆に主人公の戦いそれ自体は戦争全体の大局にはほとんど影響を与えないように描かれる作品もある。ヒーローとして主人公や主役メカを描いた作品では前者となる。たとえば、ヒイロ・ユイたち5人のガンダムパイロットが活躍する『新機動戦記ガンダムW』(1995年)や、刹那が活躍する『機動戦士ガンダム00』がそういう作品である。侵略してくる宇宙人から主人公たちが地球を救う宇宙戦艦ヤマトシリーズも同様である。

一方、主人公たちの意思とはかかわりなく「災い」として戦争が降りかかってきた場合、後者のかたちで戦争と主人公たちの関係が描かれることもある。それがはっきりと見られるのが宇宙世紀シリーズのガンダム作品であろう。『機動戦士ガンダム』の終盤のソロモンやア・バオア・クーの攻防戦では、数百に達するであろう艦艇やモビルスーツが戦っており、1機のモビルスーツで戦局全体が変わるような状況ではない。主人公のアムロが乗るガンダムは、ソロモン攻防戦では終盤にモビルアーマーのビグ・ザムと戦って撃破するが、ビグ・ザムはそもそもすでにソロモンの陥落が避けがたくなってからの出現で、その撃破は大勢には影響なかった。ア・バオア・クーの戦いでも、戦い全体の流れを決めたのはガンダム1機の活躍というより、キシリアによるギレン殺害によって生まれた防衛の空白であった。アムロのガンダムは、ア・バオア・クーにとりつく突破口を開いた後で、シャアが乗るジオングと1対1の戦いになって差し違えるが、ガンダム自身は地球連邦軍全体の作戦の中での1つのパーツに過ぎなかった。

『機動戦士Zガンダム』の終盤では、宇宙移民者の自治を支持する武装勢力であるエゥーゴ、自治を認めない武装勢力であるティターンズ、そしてジオン公国の残存勢力であるアクシズが三つ巴の戦いを展開する。物語の終盤には、アクシズが後退し、主人公であるカミーユが属するエゥーゴとティターンズの決戦となり、カミーユの乗るZガンダムがティターンズで主導的な役割を果たしているパプティマス・シロッコの乗るジ・Oを撃墜してシロッコを殺す。しかし、このこと自体は戦局には大きく影響するものではなかった。この戦いはエゥーゴが勝利するが、それは、巨砲兵器であるコロニー・レーザーの攻撃によってティターンズの主力艦隊が壊滅したことによるものである。

『機動戦士ガンダムZZ』では、エゥーゴと、アクシズから名を改めたネオ・ジオンとの戦いになるが、終盤、主人公のジュドーが乗るエゥーゴのネェル・アーガマはたった1隻でネオ・ジオンと戦わなければならなくなり、苦戦しながらもネオ・ジオンの指導者であるハマーン・カーンを倒す。しかしその直後に、エゥーゴと地球連邦軍の大艦隊が戦場に到着する。ジュドーはその到着のタイミングに憤り、さらに、前線の兵士たちが戦った理由とかけ離れた論点でネオ・ジオンとの戦後処理を進めるエゥーゴ上層部に対し、「それじゃあ、死んでいった連中はどうなる！」と怒りをあらわにする。この場面で表現されているのは、巨大な政治現象である戦争のダイナミクスと、その中の1つの歯車であった兵士の心情とのギャップであった。それを見てとったエゥーゴ幹部のブライト・ノアは、ジュドーに対し、「気に入らないなら、オレを殴って気を済ませろ」と言い、実際に殴られる。ブライトは、大局を変えることができないジュドーの不満を、自分が殴られることで吸収したのである。

このように、個人がいかに戦ったとしても、戦争の大局が変わらないという描写は、トルストイの『戦争と平和』を思い出させる。トルストイは、戦争を巨大な時代の流れとして描き、ナポレオンであってもロシア皇帝であっても、その奔流の中では無力な存在であることを描き出した。これらの作品は、同じようなかたちで、戦争とそれに翻弄される個人の関係を描写しているということができるだろう。

6．SFアニメの戦争への現実世界の影響

SFアニメの中には、実はまったく違う角度で戦争を描写している作品もある。それは、戦争そのものではなく、戦争によって変化した世界を描いていくものである。戦争とは社会や政治に非連続的な変化を引き起こすものであるから、現代とはまったく違う世界観でドラマを展開させるときに、そうしたかたちで戦争が描写されることがある。

『文豪ストレイドッグス』では、作品の14年前まで大戦が戦われていたとされ、福地桜痴は戦場で凄惨な経験をしたことから、第2章で触れた「あらゆる戦争を阻止する」ための計画を立て実行に移す。『攻殻機動隊 STAND ALONE COMPLEX』（2002年）では、やはりアジアで核兵器の使用を含む戦争が起こったという世界観に基づいてストーリーが組み立てられている。特に、戦争の結果発生した難民を日本に安価な労働力として招き入れた「招慰難民」を巡る問題が、第2シリーズの『攻殻機動隊 STAND ALONE COMPLEX 2nd GIG』（2004年）のストーリーの中心となっていく。

『PSYCHO-PASS サイコパス』（2012年）も、2020年に起こった世界恐慌を引き金に世界で戦争が多発する中、日本が安全を保つために鎖国政策をとり、メタンハイドレートによるエネルギー自給と、遺伝子組み換え作物による食糧自給を実現した中で、人間の心理や性格をデータで管理し、犯罪を

犯す可能性が高い人間を事前に突き止めて排除するシビュラシステムという治安システムに管理された社会を描いている。これらに共通するのは、登場人物の信条や彼らが暮らす社会が、戦争の影響を受けて形成されているもので、戦争そのものをテーマとはしていないが、戦争がもたらす社会の非連続的変化をストーリーの舞台を整えるのに使っているものである。

こうしたかたちでの戦争描写のひとつの方向として、人類の文明が事実上滅亡してしまった後の世界を描くポスト終末論系の作品がある。このジャンルには古くは『未来少年コナン』(1978年)があり、あるいはコミック版と異なるストーリーのアニメ映画が大ヒットした『風の谷のナウシカ』(1984年)、コメディタッチのロボットアニメである『戦闘メカ　ザブングル』(1982年)、人類が移民船に乗って地球を離れた『メガゾーン23』、地球居住者と宇宙移民者の戦争が激化して大量のスペース・コロニーが地上に落下、統治機構が壊滅状態になった世界を描いた『機動新世紀ガンダムX』(1996年)、戦争ではないが「セカンドインパクト」という災厄でやはり人類が大きな打撃を受けた後の世界を描いた『新世紀エヴァンゲリオン』、地球人類が移民船で地球を離れ、戻ってきた後の世界を描いた『交響詩篇エウレカセブン』など多数の作品がある。

世界設定を組み上げていく上で、物語の前史に戦争が起こったと設定しているこれらのSFアニメを見てみると、制作された時期の現実世界の影響を一定程度受けていることがわかる。コミックが原作の

『北斗の拳』（1984年）のような非SF作品を含め、地球が壊滅してしまった後の世界を描いている作品は、核戦争による人類滅亡の恐怖が強く感じられていた冷戦期に製作されたものが多い。一方で冷戦後は、前述の『PSYCHO-PASS サイコパス』のような、アジアにおける地域紛争が起こったとしている作品が見受けられる。逆に冷戦期においては、地域レベルにとどまる紛争が起こったと設定されている作品はほとんどないようである。時期によるこうした変化は、現実の世界情勢がクリエイターたちの戦争観に影響していることの表れと考えることができるだろう。

7. 戦争を社会的な記号として描いた――『機動警察パトレイバー2 the Movie』

日本のSFアニメと戦争の関係を考察する上で絶対に外すことができない作品に、『機動警察パトレイバー2 the Movie』（1993年）がある。『機動警察パトレイバー』（1988年）は、コミック版、OVA版、テレビ版が展開したメディアミックス的な作品で、舞台は20世紀末の東京である。そこでは、レイバーと呼ばれる二足歩行のロボットが実用化され、土木作業などを行うようになっており、レイバーの普及とともに犯罪にも使われるようになったため、警察もレイバー犯罪取り締まり用のパトロール用レイバー（略して「パトレイバー」と呼称される）を「特殊車両二課」（略して「特車二課」と呼称される）という組織を作って運用している世界における物語である。舞台が現実の東京であり、警視庁という現実の組織の警察官が登場人物になっているために、「リアリティ」の度合いが極めて高く、いわゆる「リアルロボット」路線のある種の究極の姿だといえる。劇場版第1作の『機動警察パトレイバー the Movie』（1989年）では、現在の目から見てもまったく古いと感じさせないレベルでサイバー犯罪を描いた。この『機動警察パトレイバー2 the Movie』は劇場版としては2作目となり、シリーズにいったんの区切りを付けた作品でもある。

機動警察パトレイバーシリーズは、あくまで警察官が主役であり、戦争を舞台とはしない。『機動警察パトレイバー2 the Movie』の大きな特徴は、パトレイバーシリーズの世界観をベースに、東京を舞台にするという前提の中で、戦争という時間と空間の記号性を描ききったことにある。製作された1993年の1年前に、現実世界では国際平和協力法（PKO法と通称される）が成立した。この時期は、1991年の湾岸戦争に対して日本がまったく人的貢献をできなかったことを踏まえ、「国際貢献」に積極的に取り組むべきという議論が高まった時期で、1992年9月に、自衛隊の施設大隊が初めて国連PKOとして海外に派遣された。派遣先は東南アジアのカンボジアである。

『機動警察パトレイバー2 the Movie』は、カンボジアを連想させる「東南アジア某国」で、国連P

ＫＯに派遣された自衛隊のレイバー部隊が現地武装勢力の攻撃を受ける衝撃的な場面から始まる。そして、自衛隊派遣部隊は、厳格な武器使用基準に縛られているために、現に攻撃を受けているにもかかわらず、「現在カナダ隊がそちらへ急行中」「交戦は許可できない、全力で回避せよ」との命令を受け、ほぼ一方的に攻撃を受けて壊滅する。

物語が始まるのはそれから3年後。まず横浜のベイブリッジで爆発が起こる。それは、正体不明の戦闘機からのミサイル攻撃によるものだった。さらに、航空自衛隊の防空管制システムが、三沢基地から無許可で発進した自衛隊機（「ワイバーン」というコールサイン）の機影を捉える。航空自衛隊の防空司令は、百里基地と小松基地からの戦闘機をスクランブルのために発進させるが、防空管制システムに百里基地から発進した機体が撃墜されたと表示されたため、小松基地からの機体に「ワイバーン」の撃墜命令を下す。結果的には、三沢基地からの「ワイバーン」として表示されたレーダー探知は防空システムがハッキングされたために表示されたものだと判明するが、社会の不安は高まっていく。

こうした状況下で、警察の一部幹部が先走って自衛隊をスケープゴートとするような行動をとったことから警察と自衛隊の対立が深まり、政府は自衛隊に都内の警備を命令する。しかしある朝、陸上自衛隊の攻撃ヘリに見える機体が、東京湾連絡橋や勝鬨橋などの都心部の橋梁、高層ビルの通信アンテナを攻撃し、地下の通信ケーブルも爆破される。さらに都心上空を遊弋する飛行船から通信妨害がなされる。

あたかも自衛隊がクーデターのために武装蜂起したようにみえる状況だったが、それに引き続く行動はなかった。

そうした状況を見て、特車二課の小隊長である後藤喜一警部は、「情報を中断し、混乱させる。それが手段ではなく、目的だった」と見抜く。そして一連の行動は「クーデターを偽装したテロ」であり、犯人の目的は、「戦争状況を作り出すこと、いや、首都を舞台に戦争という時間を演出すること」だと看破するのである。実際、これらの行動を引き起こしたのは、3年前のPKOで部隊を全滅させてしまった柘植行人と同志たちであり、クーデターではなく自分たちが経験した戦争という「時間」と「空間」を、東京に暮らす人々に擬似的に体験させ、日常生活のすぐ近くに戦争があることを認識させることそれ自体が彼らの目的であった。

この作品で描かれているのは、東京から見た戦争の他者性、あるいは記号性である。物語の中盤では、柘植の同志だったが袂を分かった荒川茂樹と後藤との間で、戦争をどう考えるかについての会話が展開する。その中で荒川は、戦後の日本が、戦争の「成果だけはしっかり受け取っていながら、モニターの奥に戦争を押し込め、ここが戦線の単なる後方に過ぎないことを忘れる、いや、忘れたふりをし続ける」と批判し、「この街では誰もが神様みたいなもんさ。いながらにしてその目で見、その手で触れることのできぬあらゆる現実を知る、何ひとつしない神様だ」と語る。

柘植の起こした行動は、東京に暮らしていてさえ戦争が「モニターの奥」ではなくそれよりずっと近いところにあることを認識させようとするものであった。実際、自衛隊が警備のために出動した後で、子どもたちの通学や大人たちの満員電車といった東京のありふれた日常風景の中で、武装した隊員が警備にあたっているミスマッチな情景が丁寧に描写される。しかし後藤は、そうやって柘植が作り出した戦争もまた結局のところ虚構でしかないと指摘する。物語終盤で、荒川を逮捕するときに、「この街の平和が偽物だとするなら、奴（注：柘植）が作り出した戦争もまた、偽物に過ぎない。この街はね、リアルな戦争には狭すぎる」と喝破するのである。武装蜂起をしてみせた柘植の行動でさえ、結局は東京に暮らす人々にとっては、あくまで「モニターの奥」で起こっている海外の戦争と大差なく、当事者性を持ったかたちで戦争を認識するには至らないということであろう。

このように、日常と戦争とが混交した風景は、現実世界でも2001年の9・11テロ事件の後のアメリカ国内や世界中の空港で実際に出現した。2003年のイラク戦争は、交戦国の米国においてさえ、「モニターの奥」での戦争であったし、現在進行しているロシア・ウクライナ戦争も、ウクライナ以外の国々にとっては、ロシア自身を含めてやはり「モニターの奥」での戦争となっている。

『機動警察パトレイバー2 the Movie』の中では戦争は起こっていない。しかし、戦争という非常に大規模で凄惨な社会現象であっても現代社会においては記号的な存在となり得ること、あるいは実際にそうなっていることを正面から描き出した。その意味で、ＳＦアニメと戦争の関係を考える上でエポックメーキングな作品である。

※1　Richard N. Haass, *War of Necessity, War of Choice: A Memoir of Two Iraq Wars*, (Simon and Schuster, 2009).

COLUMN

モビルスーツも登場する学園群像劇『機動戦士ガンダム 水星の魔女』

『機動戦士ガンダム 水星の魔女』の主人公のスレッタ・マーキュリーやミオリネ・レンブランは「アスティカシア高等専門学園」の学生である。ミオリネの婚約者の座を巡る決闘が繰り返され、「モビルスーツも登場する学園群像劇」の様相を呈する。

物語のカギを握るのはモビルスーツの制御システムである。劇中では情報を共有する性質を持ったパーメットという特殊な鉱物が広く使われ、様々な機械が制御されている。このパーメットを人体に流入させて身体機能を拡張する技術をGUNDフォーマットと呼ぶ。

「ガンダム」とは、このGUNDフォーマットによる制御技術にちなんで、「GUND-ARM(ガンドアーム)」と名付けられたとされる。ただし、パーメットを人体に流入させると人間の処理能力を超える情報が流れ込んでしまうことがある。それをデータストームといい、ほとんどの人間には耐えることができない。

そのデータストームを地球圏全体に展開させようとするスレッタの母プロスペラ・マーキュリーが後半の物語の中心となる。プロスペラの娘エリクトは、モビルスーツ「エアリアル」に生体コードを移植されており、データストーム空間の中でしか生きられない。プロスペラは娘の生きる「場所」を得るため、「クワイエット・ゼロ」という巨大要塞からデータストームを広範囲に展開させようとするのである。

主要な登場人物たちはみな学生だが劇中で成長していく。筆者が好きなのも彼らの成長を描いた場面である。第22話「紡がれる道」では、自分の行動が原因となって武力衝突が始まったとして自分を責め、部屋に引きこもるミオリネにスレッタが語りかける。しばらく話した後、ドアを開けて部屋に入ろうとするスレッタに対してボサボサの頭のミオリネが言う。「自分で行く。自分で開ける」と。その後、ミオリネはまったく迷いを見せずに、彼女の戦いをやりきるのである。

第４章 SFアニメにおける兵器

ＳＦアニメの花形は兵器である。『宇宙戦艦ヤマト』『機動戦士ガンダム』をはじめとして、ほとんどの作品で、主役メカの名がタイトルに冠され、それぞれの作品の世界観を象徴する個性的な兵器がデザインされる。米国のＳＦ映像作品と比べると対照的ともいえる。『スタートレック』シリーズの初期の主役メカは宇宙船エンタープライズだが、その名はタイトルには現れてこない。『スターウォーズ』シリーズも同様である。

これは『マジンガーＺ』や『ボルテスＶ』のように、「リアル」なＳＦアニメがジャンルとして成立する前のヒーローロボットアニメが、主役ロボットの名を冠していたことの影響を受けてのことであろう。また、『機動戦士ガンダム』以来、日本のＳＦアニメでは、映像コンテンツだけでなく、主役メカをプラモデルとして発売して利益を上げるビジネスモデルが形成されたことも大きな特徴といえる。本章では、機動兵器や巨砲兵器など、ＳＦアニメに登場する兵器に焦点を当てて考察を進めてみる。

1．機動兵器の母艦としての戦闘艦艇

SFアニメの多くは宇宙を舞台としているが、ほとんどの作品で、母艦と機動兵器（艦載機や人型機動兵器）を組み合わせた装備体系が作り上げられている。宇宙戦艦ヤマトシリーズやマクロスシリーズのような、超光速移動が可能になり太陽系をはるかに超えるスケールで展開する物語でも、ガンダムシリーズのように光速以下で地球周辺で展開する物語でも、母艦と人型機動兵器が組み合わされている。特に、前者においては超光速航行ができるのは母艦だけということも多いため、光速の壁を越えて移動するためには母艦に搭載される必要がある。たとえば、宇宙戦艦ヤマトシリーズの艦載機は超光速航行ができないため、『宇宙戦艦ヤマト２１９９』では、ヤマトのワープの時間までに偵察機の帰還が間に合わなかったら置き去りにしていくことを決める場面がある（第18話「昏き光を越えて」）。なお、マクロスシリーズのうち、『マクロスプラス』（１９９４年）以降の作品に登場する艦載機には、「フォールドブースター」を搭載することで超光速航行が可能な機体もある（詳細は第6章を参照）。

母艦と機動兵器を組み合わせて装備体系を作り上げるということは、機動兵器に合わせて母艦の設計思想や運用構想が変わっていくということでもある。ガンダムシリーズを例に見てみよう。ガンダムシリーズの主力兵器は人型機動兵器であるモビルスーツだが、第1作である『機動戦士ガンダム』の直前

に初めて実戦投入されたという設定になっているため、作品ごとに、モビルスーツの運用のために母艦の形態が少しずつ改良されていくのが見てとれる。

まず、ストーリーが始まる前から建造されていたマゼラン級の戦艦やサラミス級の巡洋艦は、限られたモビルスーツ運用能力しか持っていない。しかし、RX-78-2ガンダムと合わせて強襲揚陸艦として建造されたホワイトベースは、モビルスーツの運用を重視してカタパルトを2つ装備している。この時期にジオンが建造していた艦艇はザンジバル級の巡洋艦だが、モビルスーツの格納庫はあるもののカタパルトは装備していない。そのため、この時点では地球連邦のほうがモビルスーツの運用構想において一歩先んじたと推測できる。

『機動戦士ガンダム』で描かれた一年戦争は劇中の暦年法である宇宙世紀では0079～80年とされるが、その3年後の宇宙世紀0083年という設定の『機動戦士ガンダム0083 STARDUST MEMORY』（1991年）では、ホワイトベースを改良したアルビオン級強襲揚陸艦が登場する。これは、ホワイトベースのデザインをベースとしながら、カタパルトについては伸張可能で、モビルスーツ射出時には加速区間を長くとれるようになっており、モビルスーツの射出能力を強化したことがうかがえる。

その4年後、宇宙世紀0087年の『機動戦士Zガンダム』で登場するエゥーゴの巡洋艦アーガマやティターンズの重巡洋艦アレキサンドリアは、加速区間を長くとった固定式のカタパルトを2基装備している。両艦とも、船体中央部に大型のモビルスーツ格納庫を設置しており、格納庫を挟み込む2基のカタパルトで素早くモビルスーツの射出ができるデザインになっている。さらにティターンズは、20基のモビルスーツを搭載可能で、14基ものカタパルトで短時間でそれらを射出可能な大型戦艦のドゴス・ギアも建造している。

1年後の宇宙世紀0088年にあたる『機動戦士ガンダムZZ』では、エゥーゴもアーガマよりも一回り大きく、ハイメガ粒子砲という大型ビーム砲を装備したネェル・アーガマを建造して実戦投入している。そして、宇宙世紀0093年の『機動戦士ガンダム 逆襲のシャア』の時期には、カタパルトを両舷に設置するアーガマ級のデザインをベースに、船体中央前後に6~8門のメガ粒子砲を装備して砲戦力も強化したラー・カイラム級が配備される。これは地球連邦軍の大型艦の完成形といえるもので、ラー・カイラム級はその30年後の宇宙世紀0123年の物語である『機動戦士ガンダムF91』や、さらに30年後の宇宙世紀0153年にあたる『機動戦士Vガンダム』（1993年）の時代でも実戦で使用されている。

劇中における兵器の進歩は、ほかの作品にも見てとることができる。宇宙戦艦ヤマトシリーズにおいては、ガンダムシリーズにおけるモビルスーツのような機動兵器のバリエーションは少ないが、兵器に合わせた艦艇の変遷を見ることができる。第1作の『宇宙戦艦ヤマト』の開始時点では、地球防衛軍の艦艇は超光速航行能力を持っていない。ヤマトが完成して実戦投入された段階で、超光速航行能力を持つ波動エンジンと波動砲という巨砲兵器が初めて運用されるため、それ以前とはまったく異なる装備体系が形成されていく。ヤマトがイスカンダルから帰還し、地球が復興した後の第2作の『さらば宇宙戦艦ヤマト 愛の戦士たち』および『宇宙戦艦ヤマト2』では、ヤマトのイスカンダルへの航海を成功させる上で波動砲が不可欠だったと評価されたためか、巡洋艦以上の大型艦には波動砲が標準的に装備されるようになっている。波動砲は、波動エネルギーの束を1つにまとめて発射する兵器であるから、艦隊戦で相手が散開している場合には効果が限られる。そこで、敵艦隊の直前でビームが分かれて広範囲を攻撃できる拡散波動砲が開発されたとされ、戦艦級の大型艦に搭載された。

『ヤマトよ永遠に』では、それまでの戦争での人的損害の影響を反映してか地球艦隊は無人化されるが、大型艦には拡散波動砲が2門、小型艦には1門搭載されており、波動砲を中心とする防衛構想は変わっていないことが見てとれる。続く『宇宙戦艦ヤマトⅢ』では、ヤマト以外の艦艇は数隻しか出てこず、波動砲を装備していると見られるのは戦艦アリゾナだけである。これは、『ヤマトよ永遠に』において暗黒星団帝国に地球が占領されてしまったことから、軍需産業基盤が大きな打撃を受けたことによると推測できる。続く『宇宙戦艦ヤマト完結編』では、アリゾナのデザインをベースとしたとおぼしき波動砲装備の戦艦が再び多数登場し、ディンギル艦隊に一斉射撃を浴びせる場面がある。

同じように、『宇宙戦艦ヤマト2199』以後製作されているリメイク版のシリーズでも、波動砲装備の艦艇の変化が見てとれる。第2作の『宇宙戦艦ヤマト2202 愛の戦士たち』では、地球は「波動砲艦隊構想」を進めており、できるだけ多数の艦艇に波動砲を搭載しようとしていた。そのため、オリジナルシリーズの『さらば宇宙戦艦ヤマト 愛の戦士たち』および『宇宙戦艦ヤマト2』では1隻しか登場しなかったアンドロメダ級戦艦が当初の段階で5隻配備されている。また、オリジナルシリーズでは「主力戦艦」としか呼ばれていなかった戦艦にも「ドレッドノート級」という名が付けられた。さらに、第1作の『宇宙戦艦ヤマト2199』の段階では波動エンジンを搭載していなかった金剛級宇宙戦艦（旧作の『宇宙戦艦ヤマト』での沖田艦にあたる）にも波動エンジンを搭載し、小型の波動砲を装備したバージョンも登場する。第3作の『宇宙戦艦ヤマト2205 新たなる旅立ち』（2021年）では、地球艦隊は再建途上だがアンドロメダ級戦艦は確認できるし、ほかにドレッドノート級を改装した戦闘空母ヒュウガや補給母艦アスカが登場する。

このように、シリーズ化された作品においては、戦訓などを取り入れながら兵器が変化していく。これもまた、「リアリティ」の描写の一部であり、作品の世界観を表現する重要な要素なのである。その特徴は機動兵器においてよりはっきりと現れる。

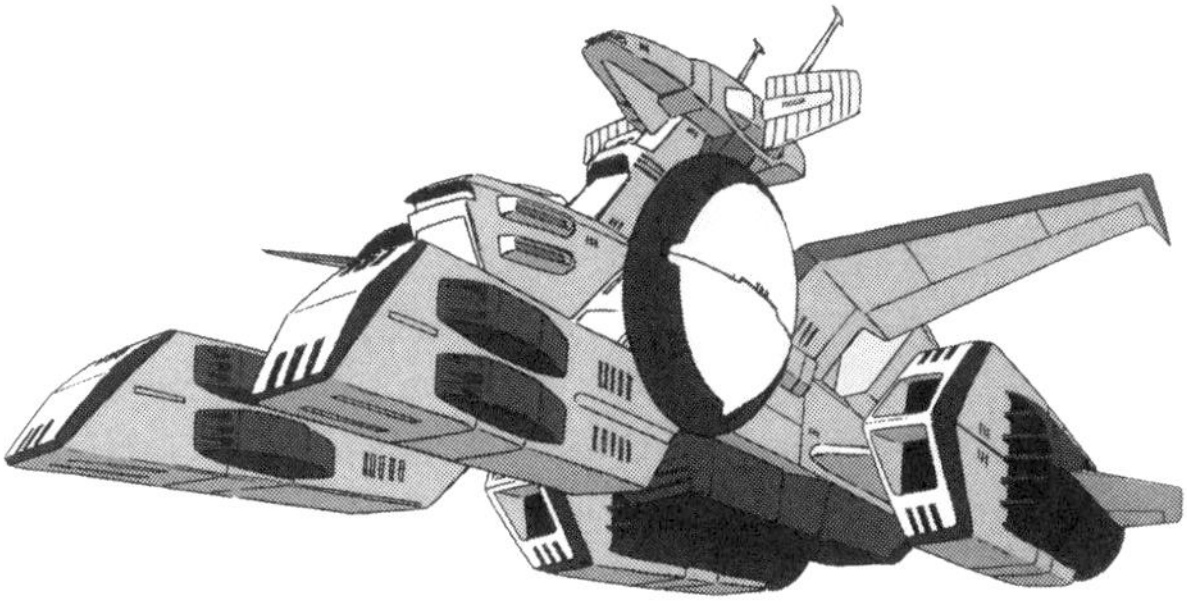

ホワイトベース
（機動戦士ガンダム）

モビルスーツの運用能力を持つ地球連邦軍初の戦闘艦艇。ジオン公国軍は「木馬」と呼称した。ガンダムの母艦として活躍したが、ア・バオア・クー攻防戦で擱座。乗組員退艦後に爆沈。

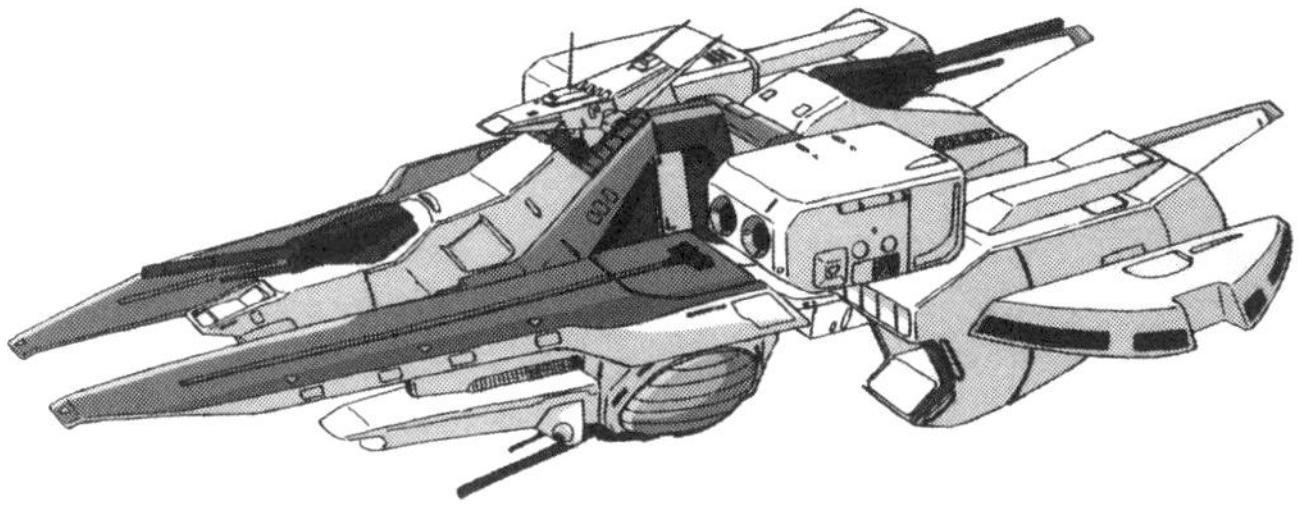

アーガマ
（機動戦士Ｚガンダム）

エゥーゴの中心となった艦艇。格納庫を挟むように２基のカタパルトが設置されており、モビルスーツ運用能力の高さがうかがえる。遠心重力を利用した居住区があるのも特徴。

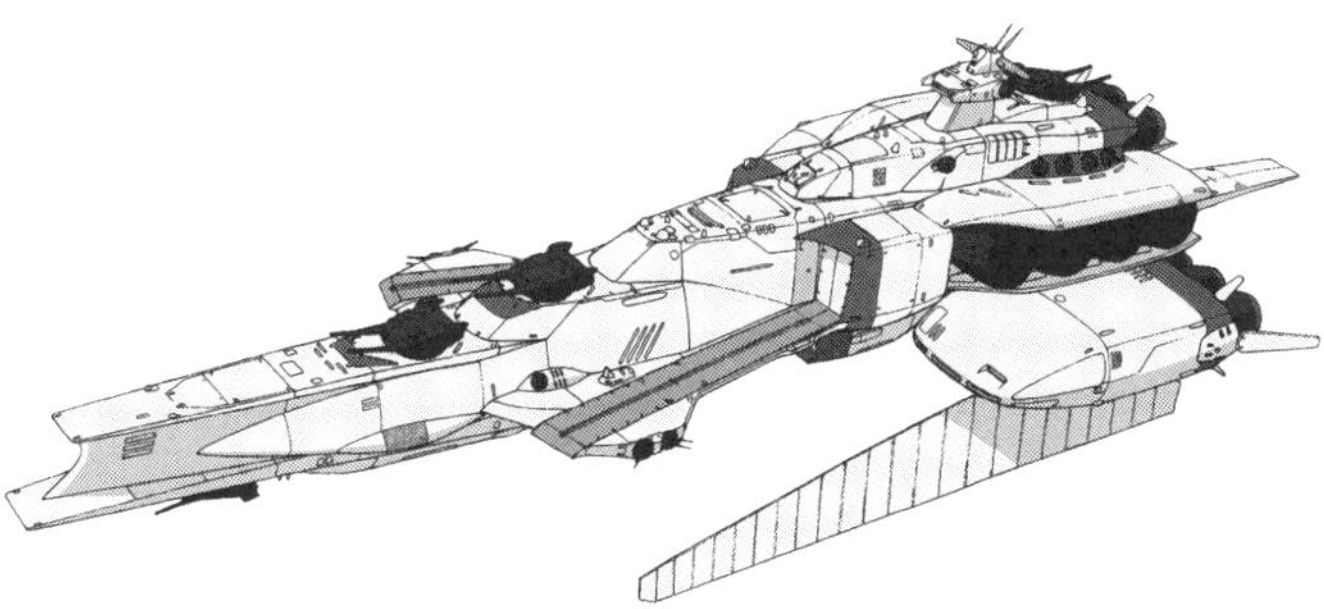

ラー・カイラム
（機動戦士ガンダム 逆襲のシャア）

高いモビルスーツ運用能力と強力な砲戦力を備えた、地球連邦軍大型艦の完成形と呼べる戦闘艦艇。少なくとも、宇宙世紀0090年頃から0150年頃までにわたって第一線に配備され続けた。

2．なぜ二足歩行なのか？

ほとんどの日本のSFアニメにおいて、主役メカは人型機動兵器である。これは端的に言えばロボットなのだが、通常は「ロボット」とは呼ばれず、それぞれの作品ごとに別の名称が付けられる。ガンダムシリーズであればモビルスーツ、マクロスシリーズであればバルキリーやデストロイド、『太陽の牙ダグラム』ではコンバットアーマー、『装甲騎兵ボトムズ』はアーマードトルーパー、『蒼き流星SPTレイズナー』であればスーパーパワードトレーサー（SPT）といった具合である。旧作の宇宙戦艦ヤマトシリーズには人型機動兵器が登場せず、日本のSFアニメにおける貴重な例外といえたが、リメイク版では『宇宙戦艦ヤマト２２０２ 愛の戦士たち』に2式空間機動甲冑、『宇宙戦艦ヤマト２２０５ 新たなる旅立ち』に5式空間機動甲冑というパワードスーツのような人型機動兵器が登場するようになった。

ただし、現実世界には（今のところ）二足歩行する人型機動兵器は存在しない。陸戦兵器は、二足歩行どころか戦車などキャタピラを装備した装甲車両が主力装備だし、航空戦は飛行機によって戦われる。そのため、なぜ二足歩行する人型機動兵器が必要とされるかについては、それなりのもっともらしい設定が準備されている。

たとえば、ガンダムシリーズにおいては「ミノフスキー粒子」という基本設定が利用されている。ミノフスキー粒子はあらゆる電波の伝播を妨害する素粒子で、ミノフスキー粒子が散布されてしまうとレーダーで敵を探知することができない。そのため、現在の現実世界の戦いと違い、長距離ミサイルで視界の外から攻撃して敵を撃破することができなくなっている。敵は有視界ないし赤外線で発見しなければならないし、長距離ミサイルが無力化されている以上、近接戦闘、場合によっては格闘戦まで考えなければならない。そのためガンダムシリーズの世界では小型のビーム砲やバズーカ砲といったように武装の持ち替えができて、格闘戦も行える人型機動兵器が必要になり、モビルスーツが開発されたという設定になっている。また、宇宙の無重力空間で向きを変えるために、手や足といったマニピュレーターを付けた人型機動兵器が必要になったという設定も追加されている。

この点についてシンプルに解決したのがマクロスシリーズである。マクロスシリーズの物語の発端は、1999年に謎の宇宙船が宇宙から地球に落下してきたことである。これは、全長が1・2㎞に達する巨大な宇宙船で、内部を分析した結果、乗組員は身長が10ｍに達する巨人であったことが判明する。敵の兵士が巨人である以上、同サイズの人型機動兵器が必要になったという設定である。マクロスシリーズの主役メカは、こうして開発された戦闘機から人型機動兵器に変形する可変戦闘機だが、人型機動兵器の形態（バトロイド形態）では敵兵士とほとんど同じ大きさであることを生かして、物語中で敵艦に潜入して敵の兵士の服を着て偽装するといった場面もある（第12話「ビッグ・エスケープ」）。

3．地上戦における人型機動兵器

ここでは、人型機動兵器の軍事的な有効性について考えてみたい。今の現実世界に人型機動兵器は存在しないが、これは軍事的に有効性が低いからというより、それ以前に二足歩行可能なロボットの技術が実戦投入が可能なレベルにまで成熟していないことも考慮する必要がある。

現用の陸戦兵器は履帯（いわゆるキャタピラ）を装備した装軌車両が中心だが、メリットは不整地踏破能力の高さである。履帯はタイヤと違って地面に噛み込むからスリップしにくいし、また履帯の面積全体に分散して重さが地面にかかるため接地圧が低くなる。接地圧が低くなるとぬかるみのような柔らかい地表でも沈み込まなくなる。安定して接地できれば、搭載している砲を射撃したときの精度も高くなる。

二足歩行できる人型機動兵器を考えるときに大きな問題になるのはこのあたりであろう。人型機動兵器の場合、重量は足の裏の面積に集中してしまう。そのため、同重量であれば装軌車両よりも接地圧ははるかに大きくなる。そうなってくると、かんじきのようなものを履かなければ柔らかい地表で行動するのは難しいだろう。

また、銃や砲を腕に握った場合の安定性も問題になる。現在の戦車は、車両全体で砲を支えている。機関銃を装備している歩兵戦闘車も、台座がしっかりしているので人間が撃つ機関銃よりも一般的に命中率が高い。ところが、人型機動兵器が腕に砲を持った場合、人間の肘や膝に当たる可動部分が揺らいでしまうと弾道精度が低下し、命中率が悪化する。そう考えると、人型機動兵器の砲や銃の命中率は、戦闘車両に搭載されたそれを下回る可能性が高い。

また、装甲車両ではサスペンションも自家用車の比ではないレベルで消耗する。人型機動兵器は、足首や膝、腰に当たる部分に大きな負担がかかるであろうから、それら可動部分の部品は頻繁に交換しなければならず、補給や整備上の負担も大きくなるだろう。可動部分は装甲防御も弱くなる。戦車の砲塔は強固な装甲で守られているが、人型機動兵器は細い腕で砲を持たなければならないから、直撃を受けたときの防御力は戦車に比べると大きく劣るだろう。

こう考えると、陸戦兵器として人型機動兵器を開発・配備するのは相当難しいかもしれない。特に、ガンダムシリーズのモビルスーツを地上で使う場合や、『太陽の牙ダグラム』のコンバットアーマーのような地上戦のための大型の人型機動兵器の場合は、上述の問題点がそのまま当てはまってしまう。

ただし、火力戦ではなく、格闘戦を前提とするならば、人型機動兵器にも意味があるかもしれない。ガンダムシリーズのミノフスキー粒子のようにレーダーが無効化される環境であったり、マクロスシリーズでの敵側の巨人兵士との戦闘を考慮しなければならない状況が当てはまる。人間がパイロットであるとするなら、人間と同じ身体の動かし方でないと格闘は難しいからだ。

一方、『装甲騎兵ボトムズ』の人型機動兵器であるアーマードトルーパーは、人間より一回り大きいだけで、人間の持ちうる装甲・機動力・火力を強化したパワードスーツのようなものである。だとすれば生身の歩兵の戦闘力を強化するものとしては十分有効性を持ちうるだろう。

パトレイバーシリーズでは自衛隊にもレイバーが配備されているが、それは戦車を代替するような兵器ではなく、99式強襲空挺レイバー「ヘルダイバー」として、パラシュート降下する空挺部隊に配備されている。空挺部隊は、空輸され、時にはパラシュートで降下するという性格上、重装甲の戦車を配備できないから、パワードスーツ的に生身の歩兵の防御力や火力を強化した兵器としては意味があるかもしれない。なお、パトレイバーシリーズの自衛隊には人型機動兵器であるこのヘルダイバーに加え、4脚歩行に加えホバー移動機能を持つHAL-X10という重火力レイバーも登場する。

なお、人型機動兵器の装甲防御力の問題については、エネルギーを装甲に流すことで装甲防御力を高める設定を用意している作品もある。マクロスシリーズの可変戦闘機のエネルギー転換装甲やガンダムSEEDシリーズのフェイズシフト装甲である。

ARL-99 ヘルダイバー

ヘルダイバーは劇中では陸上自衛隊の空挺部隊に配備されていると設定されている。『機動警察パトレイバー the Movie』の冒頭では輸送機からパラシュート降下し、暴走した重火力レイバーの HAL-X10 の制圧にあたる。最上段はその際の普通科部隊への火力支援。

「機動警察パトレイバー 劇場版」Blu-ray & DVD 好評発売中！
https://patlabor.tokyo/package/

MSZ-006 Zガンダム

変形モビルスーツの代表といえるZガンダム。ウェイブライダー形態（上）では大気圏突入能力も持つ。後続の作品では、RGZ-91リ・ガズィ（『機動戦士ガンダム 逆襲のシャア』）やRGZ-95リゼル（『機動戦士ガンダムUC』）のような後継機種も登場する。

4．宇宙における人型機動兵器

特に宇宙空間では、人型機動兵器は飛行機型の機動兵器より優位であることがはっきりと描写される作品もある。飛行機型の兵器は原則として機体正面に対してしかミサイルを撃つことができない。一方、人型機動兵器であれば、機体を回転させたり腕の向きを変えることによって360度に対する射撃ができる。これをはっきりと動画で表現したのが『蒼き流星SPTレイズナー』である。グラドスのSPTは特に機動性が高く描かれ、コックピットのある頭部を回転軸として縦に激しくロールするような機動ができる。物語の前半では、米ソの宇宙戦闘機のミサイル攻撃に対してSPTが機体を激しくロールさせて回避し、戦闘機からは攻撃できない角度から右腕に握ら

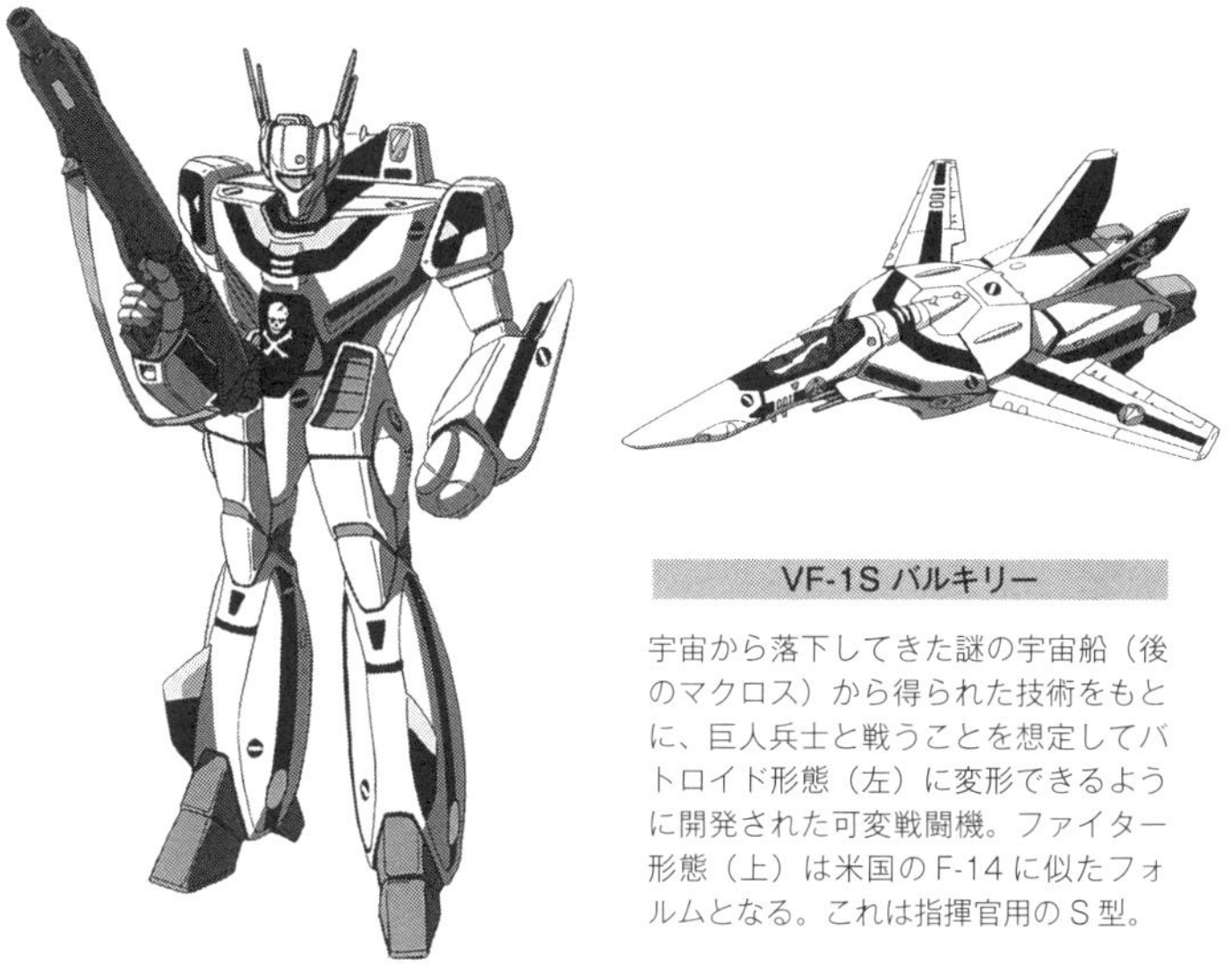

VF-1S バルキリー

宇宙から落下してきた謎の宇宙船（後のマクロス）から得られた技術をもとに、巨人兵士と戦うことを想定してバトロイド形態（左）に変形できるように開発された可変戦闘機。ファイター形態（上）は米国のF-14に似たフォルムとなる。これは指揮官用のS型。

れた「レーザードガン」で射撃を浴びせて一方的に撃破してしまう。

なお、マクロスシリーズの可変戦闘機や『機動戦士Ζガンダム』『機動戦士ガンダムΖΖ』に登場した可変モビルスーツのように、飛行時は飛行機型、格闘戦を行うときには人型に変形する兵器もある。人型機動兵器の場合、特に大気圏内では飛行性能が著しく低下するが、可変機動兵器であれば飛行性能と格闘戦能力を両立させることができるのがメリットである。

マクロスシリーズの劇場版『超時空要塞マクロス　愛・おぼえていますか』（１９８４年）の中盤で展開する地球統合軍のエースパイロットのマックスとメルトランディ軍のエースパイロットのミリアのドッグファイトでは、その有効性が鮮烈に描写されている。このとき、マックスは戦闘機型のファイター形態、人型のバトロイド形態、両者の中間で両脚部分のエンジンだけ垂直方向に向けたガウォーク形態の3形態への変形が可能なVF-1Sバルキリーに、ミリアはクァドラン・ローという人型機動兵器に乗っていた。まず、海上の低空を飛行していたマックスに対して、ミリアが多数のミサイルを撃ち込む。マックスのバルキリーを追尾するミサイルに対して、マックスはガウォーク形態に変形してエンジン排気で水しぶきを起こし、水しぶきの壁にミサイルを誘い込んで自爆させる。その間、ミリアは高度を上げていたが、マックスはファイター形態に変形して急上昇して追尾、飛行機型の利点を生かした高速で追いついて機関銃で攻撃、その後ファイター形態とバトロイド形態を組み合わせ、命中弾を与える。ミリアも反撃してミサイルを撃ち返すが、マックスは再びファイター形態に変形して急降下し、地面と衝突直前に機体を起こしてミサイルだけを地表に当てて被弾を逃れ、再度上昇、ミリアの機体に追いつき、最後はミリアの母艦にまで突入して格闘戦を戦う。非常に動きの激しい演出で、可変戦闘機の能力を遺憾なく描き出した場面であった。

5．格闘戦をしない非人型機動兵器

SFアニメに登場する機動兵器の中には、飛行機型でも人型でもないものもある。ガンダムシリーズに登場するモビルアーマーが代表的な例であろう。これらは、モビルスーツのような格闘戦能力は持たないが、より大型で火力や機動力においてモビルスーツに勝る。『機動戦士ガンダム』では、水中戦用のグラブロ、大型のエンジンを積んでモビルスーツを上回る速力と火力を持つビグロ、サイコミュ・システムというニュータイプの脳波を直接感知して敵にビーム攻撃を行う能力があるブラウ・ブロやエルメスなどがある。

このうちブラウ・ブロのビーム砲は有線制御で、エルメスのビーム砲のビットは無線制御であるから、戦闘力はエルメスのほうが高い。特に、エルメスは地球連邦軍に奪回された後のソロモンに対し、地球連邦軍からは探知できない遠距離からビットによる攻撃を仕掛けており、サイコミュ・システムを使用したニュータイプの戦闘力の高さを描き出している。

『機動戦士ガンダム』の7年後にあたる『機動戦士Zガンダム』では、メッサーラをはじめとして、Zガンダムやアッシマーなど、モビルアーマー形態からモビルスーツ形態に変形する可変モビルスーツが多数登場する。これは、モビルアーマーの飛行能力や機動性とモビルスーツの格闘戦能力の双方を1つの機体に備えさせるものである。

なお、『機動戦士ガンダム』に登場したサイコミュ・システム搭載機はいずれもモビルアーマーかジオングのような格闘戦の行えない大型モビルスーツであったが、『機動戦士Zガンダム』で登場するキュベレイはサイコミュ・システム搭載機でありながらモビルスーツであり、小型ビーム砲ファンネルを遠隔操作するだけでなく、格闘戦の能力を持っている。

『機動戦士ガンダム 逆襲のシャア』に登場するヤクト・ドーガ、サザビー、νガンダムも、サイコミュ・システムを搭載したモビルスーツである。ほかにサイコミュ搭載機としてはα・アジールもあるが、これは拡散ビーム砲も搭載した大火力を持つモビルアーマーである。このあたりの描写から、『機動戦士ガンダム』の時代である宇宙世紀0079~80年の頃は、サイコミュ・システムを搭載するにはモビルアーマーの大きさが必要とされたのに対し、『機動戦士Zガンダム』の宇宙世紀0087年には、モビルスーツに搭載できる大きさにまでの小型化ができるようになり、『機動戦士 逆襲のシャア』の宇宙世紀0093年には、多くの機体にそれを搭載できるほどに技術的に一般化したことが読みとれる。

非人型機動兵器を描いた作品としては『アルドノア・ゼロ』(2014年)を挙げることができる。『アルドノア・ゼロ』は、火星に移民してヴァース帝国を建国した人々と、地球に住む人々からなる地球連合との戦いを描いた作品である。ヴァース帝国は、火星の超古代文明を調査し、スーパーテクノロジーであるアルドノアを発見した人々を中心としており、科学的には地球連合を上回っている。『アルドノア・ゼロ』では、機動兵器のことをカタフラクトと呼ぶが、地球側のカタフラクトがガスタービンエンジンを用いた人型機動兵器であるスレイプニールやアレイオンであり、ナイフや銃といった通常のテクノロ

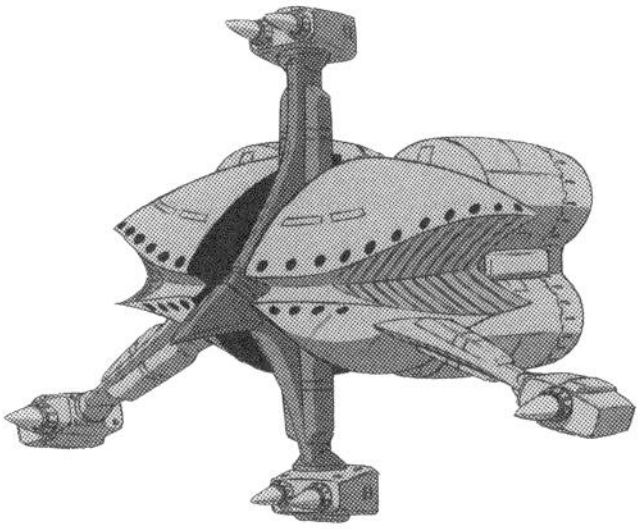

MAN-03 ブラウ・ブロ
（機動戦士ガンダム）

サイコミュ・システムを搭載し、ビーム砲を有線でコントロールして敵機を全方位から攻撃するオールレンジ攻撃を行えるモビルアーマー。テレビ編ではシャリア・ブルが搭乗してガンダムと戦った。

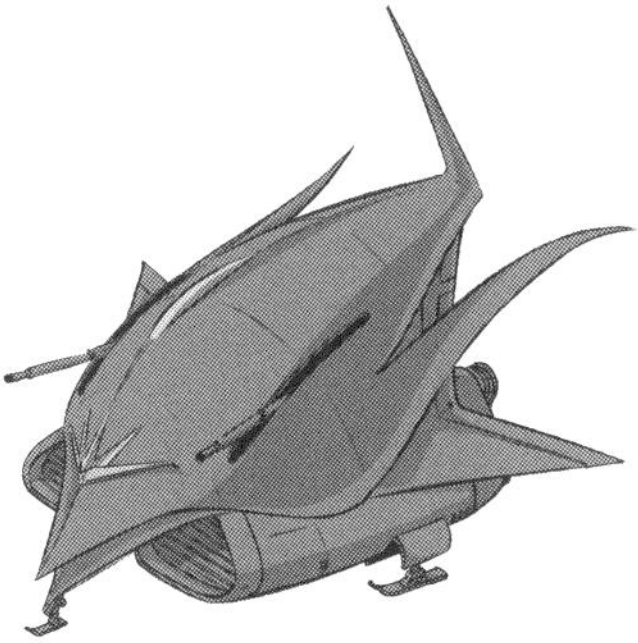

MAN-08 エルメス
（機動戦士ガンダム）

ブラウ・ブロと異なり、無線で遠隔操作できる小型ビーム砲「ビット」を用いてオールレンジ攻撃を行えるモビルアーマー。ララァ・スンが搭乗してガンダムと戦った。

MSN-04 サザビー
（機動戦士ガンダム 逆襲のシャア）

シャアが搭乗した最後の機体。サイコミュ・システムを構造部材に組み込んだサイコフレームを搭載しており、ファンネルによるオールレンジ攻撃に加え、高い格闘戦能力を持つ。

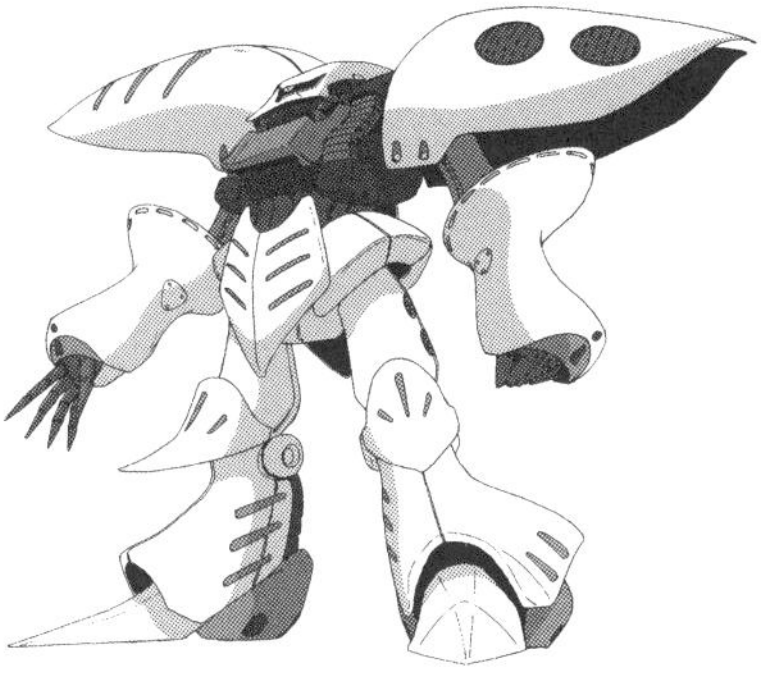

AMX-004 キュベレイ
（機動戦士Ｚガンダム）

エルメス同様、無線で遠隔操作できる小型ビーム砲「ファンネル」によるオールレンジ攻撃を行えるが、モビルスーツとして格闘戦も行える。パイロットはハマーン・カーン。

ジーに基づく兵器なのに対し、火星側のカタフラクトは、アルドノアの力を解放するための装置「アルドノアドライブ」を利用した特殊能力を有している。地球側のカタフラクトが量産兵器で多数登場するのに対し、火星側のカタフラクトは量産兵器ではなく、基本的には1機ないし数機ずつしか登場してこない。

最初に登場するニロケラスは次元バリアを装備しており、あらゆる銃弾や身体に接触する障害物を異次元に送り込んでしまい、自らは損害を受けない。あるいはタルシスには未来予測能力があり、自らをねらう攻撃の弾道を予測し、すべてを回避することができる。

こうした火星のカタフラクトは、ニロケラスやタルシスのように人型機動兵器の形態をしたものもあるが、6本の巨大な腕をロケットパンチのように飛ばすことができるヘラスや、半径1キロ以内のすべての物体の分子運動を止めて熱量を奪う能力を持つエリシウムのように、2脚だが人型とは言いがたいものもある。さらに、重力を制御する特殊能力を持ち3本脚で移動するデューカリオン、透明化できる能力を持ち4本脚で移動するスカンディア、落雷を人工的に起こす能力を持ちやはり4本脚で移動するエレクトリスなど、人型とはかけ離れた形態を持つ機動兵器も登場する。これらのカタフラクトは、その特殊能力が故に格闘戦を行う必要がないため、人型機動兵器の形態をとる必要がないということであろう。

6．制御システム――人型機動兵器でもOSは重要

　現代のほとんどの兵器はコンピュータで制御されている。たとえば飛行機を見てみよう。飛行機は、主翼の揚力で空に浮かび、方向舵や補助翼で方向を変え、昇降舵で機体の上下方向の角度を変える。同じ姿勢でも、エンジン出力を上げて速度を上げれば揚力が高まって上昇するし、逆にエンジン出力を下げれば下降する。パイロットはこうした操縦メカニズムを組み合わせて飛行機をコントロールする。

　昔はこれらの操縦メカニズムは、操縦席からケーブルで結ばれてパイロットの動作を直接反映していた。たとえば操縦桿を手前に引けば引いた分だけ昇降舵が上のほうを向く、向こう側に押せば押した分だけ下のほうを向く、右に傾ければ傾けた分だけ方向舵が右に機体を向け、左に傾ければ傾けた分だけ左に機体を向けるといった具合である。これは完全に機械的に結ばれたもので、文字通りパイロットの操作通りに操縦メカニズムは動くのである。ところが、現代の飛行機では、パイロットの操作と方向舵などの操縦メカニズムは機械的には直結していない。コンピュータが介在し、パイロットの動作とその瞬間の空力状況を照らし合わせて操縦メカニズムを調整する。

　たとえば、操縦桿と昇降舵が機械的に直結していれば、パイロットが操縦桿を5度分だけ上に上げれば、昇降舵は5度上を向く。しかし、飛行機は常に同じ速度で飛行するわけではない。遅い速度で飛ん

でいるときと速い速度で飛んでいるときでは、同じ角度だけ昇降舵を動かしたとしても機体のレスポンスは変わってくる。速い速度で飛んでいるほうが空気の力が強くなるからである。時速300㎞で飛んでいるときに機体を5度上に向けるには、ちょうど5度分操縦桿を上に向ければよかったとしよう。この例で、時速500㎞で飛んでいるときに、5度分操縦桿を上に上げたとすれば、300㎞で飛んでいるときよりも多くの空気が昇降舵に上がるから、機体の角度の変化は5度よりも大きく、たとえば7度とか10度くらい変わってしまう。低い速度で飛んでいるときよりも操縦桿を動かす角度を小さくしなければ、機体の角度を同じだけ変えることはできないのである。

機械的な操縦システムの時代は、このあたりの加減をパイロット自身が調整しなければならなかった。しかし現代のコンピュータ制御の飛行機ではこうした調整をコンピュータが自動で行う。先の例でいえば、時速500㎞で飛んでいるときでも、パイロットは5度分操縦桿を動かすだけでいい。機体の速度に合わせて、ちょうど機体が5度だけ動くように、コンピュータが自動的に昇降舵の動く角度を小さくするのである。このように、パイロットの機械的な動作をコンピュータが電気信号に変換して操縦するシステムを「フライバイワイヤ」と呼び（光ファイバーで結びつけられていれば「フライバイライト」と呼ぶ）、こうしたコンピュータ制御のためのプログラムをソースコードと呼ぶ。

ＳＦアニメの機動兵器は、もちろん現代の飛行機のようにコンピュータで制御されている。『蒼き流星

SPTレイズナー』では、主人公のエイジが乗るレイズナーにパイロットと対話する操縦支援コンピュータのレイが搭載されており、エイジはレイと会話しながら指示を出して戦う。

制御システムを特に細かく描写したのが『機動警察パトレイバー』である。登場するメカであるレイバーは二足歩行する機体が多いが、人間がそうであるように、二足歩行している最中にはバランスが絶えず変化するので、重心を自動的に調整することが必要になる。そこで、主役メカである98式AVイングラムは、メーカーの篠原重工が開発した高性能のオートバランサーを装備しているとされる。

また、ただ歩くだけでなく、様々な動作を行うためには、パソコンと同様にOS（オペレーティングシステム）が必要になる。劇場版の『機動警察パトレイバー The Movie』は、そのOSをテーマにした作品である。篠原重工が性能を30％ほど向上させる新型OSのHyper Operating System（HOS）をリリースし、レイバーの市場でのシェアを大きく高める。しかし、HOSは実際には「トロイの木馬」と呼ばれるタイプのマルウェアであった。マルウェアとは、悪意を持ってコンピュータを作動させるソフトウェアで、トロイの木馬とは、実際にはマルウェアだが一見無害にみえるプログラムをいう。HOSは外見上はレイバーのOSだが、典型的なトロイの木馬で、一定の低周波音を検知するとレイバーを暴走させるプログラムであった。『機動警察パトレイバー The Movie』は、このHOSの正体を突き止め、レイバーの暴走を食い止めていく物語である。封切りは1989年と35年前の作品だが、現代の目

機動警察パトレイバー

HOSの起動画面。それまでのアニメでソフトウェアが取り上げられることはほとんどなかったが、OSの重要性に注目した上で、サイバーテロを正面から取り上げた先進的な作品だった。

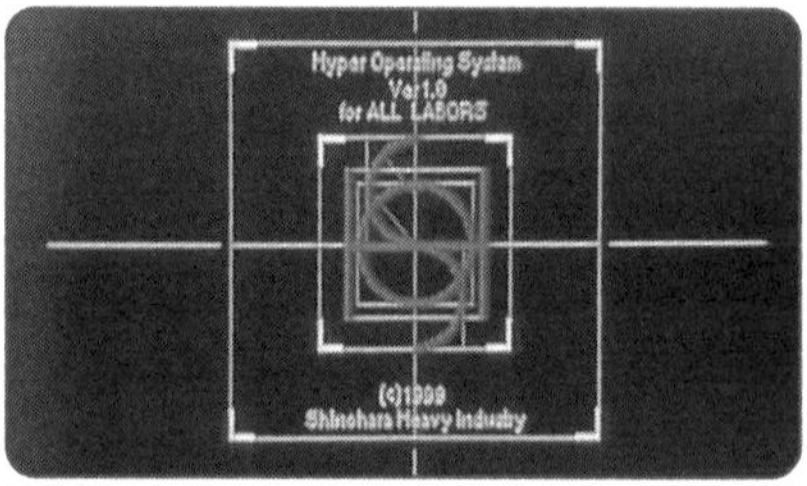

「機動警察パトレイバー 劇場版」Blu-ray & DVD好評発売中！
https://patlabor.tokyo/package/

機動戦士ガンダムSEED

キラがストライクガンダムを起動させる場面。この制御システムの大文字をとってキラは「ガンダム」と呼んだ。この後でキラはOSをものすごい速度で書き換え、戦闘に臨む。

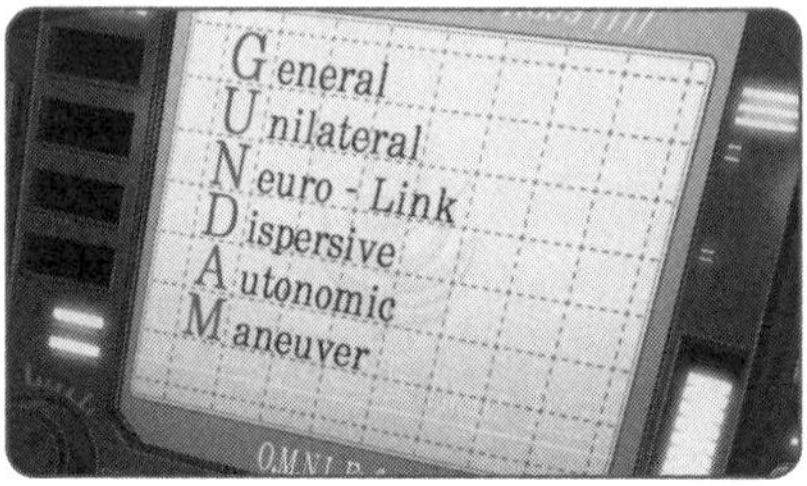

から見てもまったく古さを感じさせない、情報化社会の脆弱性を鋭く突いた作品であった。

OSについては、『機動戦士ガンダムSEED』でも取り上げられている。『機動戦士ガンダムSEED』は、遺伝子を調整されて能力を高めた人々であるコーディネーターを中心とするスペース・コロニー国家のプラントと、そうではないナチュラルと呼ばれる人々を中心とする地球連合との戦争を描いた作品である。物語冒頭で、地球にありながら中立のポジションをとるオーブ連合首長国が、地球連合と協力して開発中の新型モビルスーツをプラントが奪取しようとするところから物語が始まる。

この時点で、プラントはモビルスーツを運用していたが、それはコーディネーターにのみ操縦可能なもので、地球連合はナチュラルでも操縦可能なモビルスーツを開発できていなかった。そのため、地球連合は、ナチュラルでもモビルスーツを操縦できるOSの開発から始めなければならなかったが、この時点ではそのOSの完成度が極めて低く、動きが鈍重であることが描かれている。主人公のキラ・ヤマトは学生だったが、成り行きでモビルスーツ「ストライク」に乗り組むことになる。彼はコーディネーターだったが、OS開発にも関わっていたためにOSについて知識があり、戦闘直前にOSを書き換えてはるかに高い能力を引き出すのである。その後しばらくの間は、地球連合ではキラしかモビルスーツを使用できない状況が続くが、物語中盤にナチュラルでもモビルスーツを操縦可能なOSが開発され、地球連合でも広くモビルスーツが使われるようになる。

7. 現代戦との違い──データリンク

現実の現代戦では常識的に行われていることでも、SFアニメであまり見ることができないものとしてデータリンクがある。現代兵器は、コンピュータで制御されるだけでなく、それぞれの兵器がデジタル化した信号をネットワークで共有する。これをデータリンクと呼ぶ。これが接続されれば、自分の機体では探知できないほど遠くの敵でも、その敵を味方のいずれかの機体が探知できればデータリンクを通じて情報が共有される。たとえば、自分のレーダーから電波を出さなくても、ほかの機体からのレーダーで敵を探知できれば攻撃できるのである。レーダーから電波を出すと敵にも探知されてしまうので、ほかの機体が探知した目標をデータリンクで共有できると有利に戦闘を運ぶことができる。

このように、ネットワークを通じてデータリンクを接続することで、戦闘力全体が大幅に強化される。こうしたネットワークの重要性を早くから認識していたアメリカ海軍では、ネットワークの能力が戦闘力を大きく左右するという考え方に基づいて「ネットワーク中心の戦い」という概念が作られた。この「ネットワーク中心の戦い」では、個々の兵器の性能の差ではなく、ネットワークの能力の差が戦闘力を決定すると考える。どれほど優秀な兵器であってもネットワークで結びつけられていなければ、自分で探知できない目標は攻撃できない。それぞれの兵器がネットワークで結びつけられることで、すべての味方の部隊の能力を有機的に組み合わせて戦うことができるので、全体の戦闘力を高めることができるのである。

これほど重要なネットワークによるデータリンクだが、SFアニメではあまり描写されていない。もちろん、ミノフスキー粒子によって電波の伝播そのものが阻害されてしまうガンダムシリーズでは、機体同士をネットワークで接続するのはそもそも不可能であるが、それ以外の作品でもデータリンクを利用して敵を叩く戦闘が描かれたことはほとんどない。このあたりは、データリンクによってシステム的に結びつけられた戦いでは、主人公なり主役メカの活躍があまり描けないといったことも一因かもしれない。

数少ない例外の1つが、宇宙戦艦ヤマトシリーズのリメイク版である。第2作の『宇宙戦艦ヤマト2202 愛の戦士たち』の第1話「西暦2202年・甦れ宇宙戦艦ヤマト」では、ガトランティス艦隊と地球・ガミラス連合艦隊の戦闘に際して、地球とガミラス艦隊とのあいだで「データリンク開始」との台詞がある。そして、地球・ガミラス連合艦隊が劣勢に立たされた際、惑星の影に隠れ、敵味方の双方から見えない位置にいたアンドロメダが拡散波動砲を発射するが、その際の目標情報はほかの味方艦からデータリンクを通じて得ていたと推察される描写がある。

第17話「土星沖海戦・波動砲艦隊集結せよ！」でも、土星の輪の上方で地球艦隊の主力艦隊とガトランティス艦隊が交戦している中、地球艦隊の別働隊が土星の輪の下側から拡散波動砲で攻撃する場面がある。土星の輪はレーダー探知の障害になるから、この場面ではガトランティス艦隊と直接交戦中の主力艦隊が別働隊に目標情報をリンクしたと解釈できる。

また、『アルドノア・ゼロ』でも、ヴァース帝国のカタフラクトが個人プレーで戦うのに対し、地球連合側のカタフラクトはネットワークでリンクされてシステミックに戦う描写がある。たとえば第21話「夢幻の彼方」では、分身能力を持つヴァース帝国のカタフラクトであるオルテュギアに対し、交戦に参加している地球側の全カタフラクトの射撃タイミングをデータリンクで統制して同時に射撃する場面がある。オルテュギアは、1機でも残ると再度分身して数を増やす能力があったため、すべての機体を同時に撃破する必要があったからである。第24話「いつか見た流星」でも、やはりデータリンクを通じてターゲットの情報をやりとりする場面がある。

8．SFアニメにおける核兵器

現実世界の軍事力で最大の破壊力を持つものは核兵器である。核兵器は非常に破壊力が大きいが故に倫理的な問題と切り離すことはできない。また、日本は唯一の戦争被爆国であるが故に、核兵器の取り上げ方それ自体がテーマとして非常に重い意味を持つこともある。

核兵器を物語に「登場させせない」選択をしたのは宇宙戦艦ヤマトシリーズである。宇宙戦艦ヤマトシリーズには波動砲という巨砲兵器が登場するが故に、核兵器は究極的な破壊力を持つ兵器ではなくなっていることも1つの要因であろう。ただし、リメイク版においては、波動砲を核兵器になぞらえて人間の「選択」を問うている。『宇宙戦艦ヤマト２１９９』において、超光速航行能力を持つ波動エンジンがイスカンダルからの技術提供で開発されるが、波動エンジンの兵器への転用である波動砲の技術は提供されなかった。それは、古代のイスカンダル文明が波動砲を使って多くの文明を破壊してきたからであった。しかし、地球側が波動エンジンのメカニズムを解析しているうちに独自に兵器転用の可能性に気付き、波動砲を開発してヤマトに搭載する。

後にそれを知ったイスカンダル側は強い不快感を表明し、波動砲の引き金を引くことの重みを諭す（第19話「彼らは来た」）。ガミラス本星の戦いでは、ヤマトの波動砲はガミラスの民間人を守るためにも発射されるが、イスカンダルのスターシャはそれをもよしとはせず、イスカンダル到着後に波動砲は封印される。しかし、ヤマトの地球帰還後は地球の再軍備の中で「波動砲艦隊構想」が出現し、イスカンダルとの約束を反故にするかたちでヤマトにも波動砲が再装備される。そして主人公の古代進は、『宇宙戦艦ヤマト２２０２ 愛の戦士たち』と『宇宙戦艦ヤマト２２０５ 新たなる旅立ち』の間、波動砲を使うことの葛藤を引きずり続けるのである。最強の兵器をどのように使うのか。現実世界の核兵器を巡る問題を思い起こさせるようなかたちで問いかけている作品だといえよう。

一方、核兵器を単に「兵器」として扱う作品もある。マクロスシリーズがその1つで、「反応弾」という名で核兵器が登場し、第1作の『超時空要塞マクロス』では、地球統合軍が地球に侵攻しようとするゼントラーディ軍に対して使用する。ゼントラーディ軍は全般的に地球人類より優れた技術を持っていたが反応弾の生産技術を持っておらず、それを手に入れようとしてマクロスや地球への攻撃に手心を加えることになる。ただし、シリーズを通じて核兵器の持つ倫理的な問題と向かい合うような場面は見られない。

ガンダムの宇宙世紀シリーズでも、核兵器は単なる「兵器」として扱われている。特に一年戦争ではジオン公国と地球連邦との間に「南極条約」が締結されたとの設定で核兵器の使用が違法化されているためほとんど登場してこない。しかし『機動戦士ガンダム 逆襲のシャア』では、小惑星のアクシズの地球への落下を阻止するために、ロンド・ベルという部隊が核兵器で攻撃をする。一方で地球に住む人類を粛清しようとするシャアは、アクシズに核を搭載した艦艇を係留したまま地球に落下させ、殺傷力を高めようとする。この局面では双方ともにためらわずに核兵器を使用しているのである。

核兵器を単なる「兵器」としつつも、その倫理的な重みを表現した作品もある。『銀河英雄伝説』では、レーザー水爆ミサイルが戦場ではなんのためらいもなく多数使用され、その意味で単なる「兵器」

として扱われる。しかし、銀河帝国で体制改革を志向するラインハルト・フォン・ローエングラムが門閥貴族と戦ったリップシュタット戦役において、劣勢に立たされた門閥貴族側が、惑星ヴェスターラントで反乱を起こした領民たちを弾圧するために核攻撃を行う。ラインハルトはそれを阻止しようとするが、腹心のパウル・フォン・オーベルシュタインが反対する。それは、門閥貴族が領民を核兵器で虐殺すれば、ラインハルトたちは政治的に優位に立つことができ、リップシュタット戦役を早く終わらせられるとの考えに基づくものであった（第22話「勇気と忠誠」）。

結果的にオーベルシュタインが命令をサボタージュするかたちでヴェスターラントへの核攻撃は実行されてしまう。これが決定的な打撃となり門閥貴族軍は崩壊するが、ラインハルトは虐殺を見逃してしまった自責から逃れることができない。さらに、それを責める親友のジークフリード・キルヒアイスとの関係も悪化し、キルヒアイスを失うに至る。その後、銀河帝国皇帝となるラインハルトだが、ヒルデガルド・フォン・マリーンドルフを皇妃に迎えるきっかけとなるラインハルト暗殺未遂事件など、ヴェスターラントを巡る葛藤はラインハルトを巡る物語で非常に重要な位置を占める。『銀河英雄伝説』では、核兵器にそれだけの重みを与えるかたちで描いているということでもある。

『機動戦士ガンダムSEED』でも核兵器が登場する。第6章で詳述するが、『機動戦士ガンダムSEED』の世界では、遺伝子を調整された人類であるコーディネーターを中心とする宇宙居住者の国家であるプ

機動戦士ガンダム 逆襲のシャア

ネオ・ジオンが地球に落とそうとする小惑星アクシズを破壊するため、ロンド・ベル隊は核を含む多数のミサイルで攻撃を行う。これはその第1波に1発だけ含まれていた核ミサイルをシャアのサザビーが撃墜する場面。

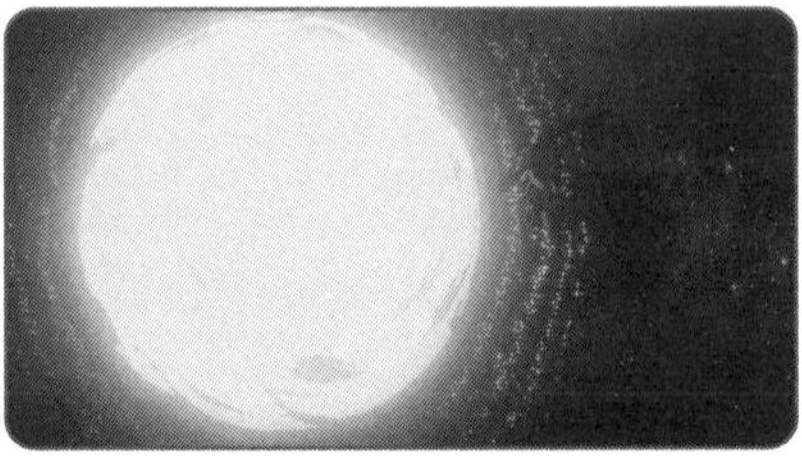

銀河英雄伝説

リップシュタット戦役のさなか、農民が反乱を起こした惑星ヴェスターラント。門閥貴族軍の盟主ブラウンシュバイク公は核攻撃で農民たちを虐殺する。ラインハルトはこれを阻止できなかったことを長く悔いることになる。

ラントと、そうではないナチュラルを中心とする地球連合との間での人種差別的差別意識が強く、核兵器の使用に至るハードルが非常に低い。実際、物語の前史として、プラントのスペース・コロニー「ユニウスセブン」に対する地球連合からの核攻撃が行われている。ただ、「ユニウスセブン」への攻撃以降、プラントはニュートロンジャマーという装備を開発し、両陣営とも核兵器のみならず核動力を含む核分裂反応が利用できなくなり核弾頭は無力化される。そのため、物語は核兵器や核動力が使えない状態で進行していくが、プラントは核動力を搭載したモビルスーツを使用するためにニュートロンジャマーを無効化するニュートロンジャマーキャンセラーを開発してしまう。そしてその技術を地球連合も手に入れ、プラントに対して大規模な核攻撃を行い、軍事要塞ボアズを破壊する。さらに地球連合は艦隊を前進させ、プラントの中枢にあるスペース・コロニー群に対する核攻撃を行おうとする。

これに対しプラントは、巨大ガンマ線レーザーのジェネシスで対抗し、核弾頭を装備してプラントに接近する地球連合艦隊と艦隊根拠地の月面プトレマイオスクレーター基地を一撃で撃破してしまう。この段階で、地球連合の核攻撃はコーディネーターを排斥しようとするブルーコスモスの盟主ムルタ・アズラエルに指揮されているが、アズラエルは「もう、いつその照準が地球に向けられるかわからないんだぞ。撃たれてからでは遅い」（第48話「怒りの日」）として再度の核攻撃を指示する。アズラエルに対し、「それでは地球に対する脅威の排除にはなりません」とプラントへの核攻撃よりもジェネシスの破壊を進言するナタル・バジルール少佐に対しても、「いくらあんなものを振りかざそうが、プラントを落とせば戦いが終わる。だいたいコーディネーターすべてが地球に対する脅威なんだぞ。僕らはそれを討ちに来てるんだ」と反駁する（第49話「終末の光」）。

核戦略では、相手の核戦略などの軍事目標を攻撃することを「カウンターフォース戦略」、相手の都市を攻撃することを「カウンターバリュー戦略」と呼ぶ。カウンターバリュー戦略は必然的に多数の民間人の死傷者を出すことから非人道的と見なされており、たとえば現在の米国はカウンターバリュー戦略をとらないことを明確にしている。しかし、このアズラエルとバジルールの会話からもわかるように、

『機動戦士ガンダムSEED』においては、カウンターフォース戦略は軍事要塞ボアズへの攻撃のみで、それ以外はカウンターバリュー戦略が採られている。ユニウスセブンへの攻撃もそうだし、『機動戦士ガンダムSEED DESTINY』序盤に大西洋連邦とプラントとが開戦したときもプラントのスペース・コロニーに核攻撃が試みられる（第9話「驕れる牙」）。この点はあくまで軍事目標に対して戦術的に核兵器を使用した『機動戦士ガンダム 逆襲のシャア』と大きく異なるところである。

9．巨砲兵器

現実には存在していないがSFアニメの中ではしばしば登場するのが、敵に壊滅的な打撃を与え、戦局全体を転換するゲームチェンジャーとしての巨砲兵器である。場合によっては核兵器を上回る破壊力を持つ。現実の巨砲兵器といえば、旧日本海軍が建造した戦艦大和の46cm主砲が思い起こされるが、これはあくまで戦艦の主砲の中で最も口径が大きかったものに過ぎず、それだけでゲームチェンジャーとなるようなものではなかった。

こうした巨砲兵器の例としては、宇宙戦艦ヤマトシリーズで波動エネルギーを利用した決戦兵器の波動砲（地球艦隊が使用）やデスラー砲（ガミラス艦隊が使用）、『銀河英雄伝説』の巨大要塞の主砲であるトールハンマーやガイエスハーケン、『機動戦士ガンダム』でジオン公国がスペース・コロニーを改造して建造した巨大レーザー砲のソーラーレイ、『機動戦士Ζガンダム』でティターンズが同様にスペース・コロニーを改造して建造したコロニ・ーレーザー、『機動戦士ガンダムΖΖ』でネェル・アーガマに搭載されたハイパーメガ粒子砲、『機動戦士Ｖガンダム』でザンスカール帝国が建造したカイラスギリー、『機動新世紀ガンダムX』で月からのエネルギー供給を受けて発射するサテライトキャノン、『機動戦士ガンダム00』でアロウズが軌道上に設置したメメントモリ、『機動戦士ガンダムSEED』でプラントが作り上げたガンマ線レーザー砲のジェネシス、『機動戦士ガンダムSEED DESTINY』『機動戦士ガンダムSEED FREEDOM』で月面に設置されたレクイエム、『超時空要塞マクロス』でゼントラーディ艦隊を撃破するためにアラスカに作られたグランドキャノンなどを挙げることができる。

ゲームチェンジャーとなるような巨砲兵器は現実に存在しないものであり、創作独特のものだといえる。ただ、もともとヒーローロボットアニメにおいては、『ゲッターロボ』のストナーサンシャイン、『ゲッターロボG』（１９７５年）のシャインスパークのように、一撃で勝負を決める「必殺技」はある意味必須であった。しかし、リアルロボットアニメの主役メカには必殺技がそもそもない。物語の展開上、巨砲兵器はそうした必殺技の延長にあると考えることもできる。おおよそ、ＳＦアニメの物語の中では、大きく分けて以下の２つの役割を果たしているといえるだろう。

第1は、巨砲兵器を決定的な場面で使う、あるいは使わせないという、戦闘の駆け引きのカギとしての存在である。『宇宙戦艦ヤマト』の七色星団の決戦では、波動砲を使用させずに戦うという観点からガミラスのドメル将軍の作戦は立てられていた。あるいは、『宇宙戦艦ヤマト完結編』で、地球に侵攻するディンギル艦隊を地球防衛軍の戦艦部隊が迎え撃ち波動砲で撃破を図るが、ディンギル艦隊はワープで波動砲をかわすことで無力化し、主戦兵器であるハイパー放射ミサイルで地球艦隊を撃破する。

『銀河英雄伝説』では巨砲兵器を巡る駆け引きが特に綿密に描写されている。銀河帝国と自由惑星同盟が戦っている『銀河英雄伝説』の世界では、両者の間は、フェザーン回廊とイゼルローン回廊という2つの狭い宙域を通らないと行き来ができない。このうちフェザーン回廊は中立国であるフェザーンが占めているから艦隊の通過ができず、戦闘は基本的にイゼルローン回廊で起こる。そのイゼルローン回廊に銀河帝国が建設したのがイゼルローン要塞で、トールハンマーという、一撃で数百隻を撃破するほどの威力を持つ巨砲兵器を備えていた。これに対し自由惑星同盟は、銀河帝国の艦隊と意図的に混戦状態になることで、味方を巻き添えにせずにはトールハンマーを撃てない状況を作り出し攻略を試みる。

その後、イゼルローン要塞はヤン・ウェンリーが攻略し、今度は銀河帝国が攻略に挑むことになる。そのときに試みたのが、銀河帝国国内のガイエスブルグ要塞にエンジンを取り付けて移動可能にして、イゼルローン要塞を攻撃する作戦だった。アニメ版の『銀河英雄伝説』では、双方とも表面装甲は流体金属に覆われているが（小説版は異なる）、銀河帝国はガイエスブルグ要塞をイゼルローン要塞に接近させ、お互いの重力で流体金属層に厚い部分と薄い部分を作り出し、薄くなった部分を艦隊から攻撃するといった戦術を披露している（第33話「要塞対要塞」）。その後も、艦隊行動とトールハンマーとを連携させて銀河帝国艦隊を撃破するなど（第１０２話「敢えて武器を手に」）、トールハンマーを軸とした戦術的駆け引きが物語中で繰り返し描写される。

もう1つは、ゲームチェンジャーとなるほどの威力を持つ巨砲兵器の場合、それを破壊できなければ劣勢に立たされるし、奪取できれば逆に優位に立てるという特徴を生かして、物語で敵対する勢力同士がお互いに決戦を挑むことを決断する戦略的な条件を作り出すことである。

このあたりをうまく組み立てていたのが『機動戦士Zガンダム』である。ジオン公国と地球連邦が戦った一年戦争の7年後という設定の『機動戦士Zガンダム』の後半では、地球連邦軍が宇宙移民者の自治権拡大を容認するエゥーゴとそれを認めないティターンズとに分裂して抗争しており、それにジオン公国の残存勢力であるアクシズも関与して三つ巴の争いが展開する。このうちティターンズがコロニー・レーザーを建造し、エゥーゴを支持するスペース・コロニーを撃破する。それを受けてエゥーゴはアクシズに協力を要請し、コロニー・レーザーの無力化に成功する。その後エゥーゴとアクシズが決裂し、エゥーゴは「メイルシュトローム作戦」を発動してコロニー・レーザーを奪取。ティターンズとの

機動戦士Ｚガンダム
「コロニー・レーザー」

ティターンズがスペース・コロニー「グリプス２」を改造して作り上げた巨大レーザー砲。エゥーゴ寄りのスペース・コロニーを攻撃したが、後にエゥーゴが奪取。ティターンズ艦隊を壊滅させる。『機動戦士ガンダムUC』にも登場する。

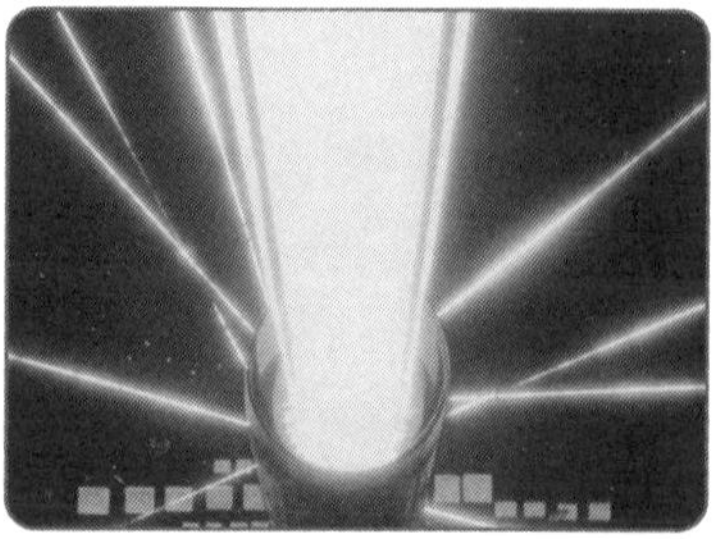

超時空要塞マクロス
「グランドキャノン」

ゼントラーディ軍との決戦のために地球統合軍アラスカ基地に建設されたもの。ボドル基幹艦隊との戦いで発射され、北極上空の敵艦を多数消滅させ、マクロスやブリタイ艦隊の突破口を開く。第２射の前に集中攻撃を受け破壊される。

最終決戦に臨む。ティターンズはコロニー・レーザーの破壊を狙うが、その戦いのさなかにエゥーゴがコロニー・レーザーを発射してティターンズの主力艦隊を撃破するのである。コロニー・レーザーの支配権をどの勢力が握るかがこの一連の三つ巴の戦いのカギとなっており、最終的にそれを使用することができたエゥーゴが勝利するかたちで『機動戦士Ｚガンダム』は完結する。

ＳＦアニメに登場するもう１つの重要な兵器に、無人兵器や人工知能がある。特に人工知能は重要な論点なので、章を改めて取り上げよう。

COLUMN

心に残る名台詞

アニメの魅力はもちろん美しい映像だが、名作と言われるアニメには、映像だけでなく心に残る台詞がある。

特に『機動戦士ガンダム』には名台詞が多いと感じる。「悲しみを怒りに変え、立てよ国民！」と扇動するギレンの演説を筆頭に、「親父にも殴られたことないのに」(アムロ)、「ザクとは違うのだよ、ザクとは！」(ランバ・ラル）あたりが有名であろう。ガンダムシリーズのほかの作品の名台詞としては、『ガンダムSEED』でのラクスの「思いだけでも、力だけでもダメなのです」を挙げたい。

『宇宙戦艦ヤマト』からは、冒頭でガミラス艦隊に圧倒され降伏勧告を受けた沖田艦長の「バカめ」と言う返答や（第2次世界大戦でドイツ軍に包囲されて降伏勧告を受けた米軍が「nuts（ばかやろう)」と返答したことのオマージュであろう)、「ガミラスに下品な男は不要だ」（デスラー）といったあたりだろうか。言うまでもなく、地球に戻ってきたときに艦長室から地球の姿を見た沖田艦長が息を引き取るときにつぶやく「地球か、何もかもみな懐かしい」こそが宇宙戦艦ヤマトシリーズを代表する名台詞なのは衆目の一致するところだろう。

エヴァンゲリオンシリーズにも多くの名台詞があるが、ここではパイロットたちの言葉、「あんたバカ～」（アスカ)、「あなたは死なないわ、私が守るもの」（レイ)、「笑えば、いいと思うよ」（シンジ）を挙げておきたい。

マクロスシリーズでは『マクロスF』から。民間軍事会社のS.M.S.が反乱同然のかたちでフロンティア船団を脱出するときの言葉「悪いが、オレは大人じゃなくて、男なんだよ！」（オズマ)、歌舞伎役者だった早乙女アルトが最終決戦でつぶやく「思わざれば花なり。思えば花ならざりき」といったところが心に残る。

なお、筆者にとって、SFアニメの中で最も印象に残っているのは、『機動警察パトレイバー2 the Movie』での後藤隊長の言葉だろうか。「まともでない役人には、2種類の人間しかいないんだ。悪党か正義の味方だ」。

第5章 SFアニメにおける人工知能

人工知能はSFでは古典的なテーマで、さかのぼればロバート・ハインラインの古典的名作『月は無慈悲な夜の女王』に登場するマーク4号L型（マイク）など、アニメに限らず小説にも数多くの作品がある。近年では、AI技術がめざましい発展を遂げ、創作に限らず現実世界に大きく影響しつつある。強化学習を用いた音声認識、画像認識の精度は急激に向上し、もはや日常生活から切り離すことはできない。ChatGPTに触発された生成AIの発達にも目を見張るものがある。ここでは、SFアニメにおける無人兵器と人工知能について考察してみよう。

1．人工知能の「フレーム問題」

「人工知能」というと、人間の知能を置き換えたり超越したりするものを意味するようにも思えるが、そこまでの進歩は今のところみられない。歴史を見ると、「それまでコンピュータではできなかったものができるようになった」ときに、「新しくできるようになったこと」が「人工知能」と呼ばれることが多い。そう考えると、強化学習による音声認識や画像認識は、確かにこれまでのコンピュータができなかったことであるから「人工知能」と呼ばれるにふさわしいが、それだけではコンピュータが人間と同様の「目」（画像認識）と「耳」（音声認識）を手にしたに過ぎず、「知能」という言葉が含意する「考える」能力を身につけたわけではないことは留意しておきたい。現段階の生成ＡＩも、コンピュータは意味を理解した上でテキストや画像を出力しているわけではないから、いってみれば「目」や「耳」に加えて発話機能としての「口」を手にしたことにとどまると考えるべきであろう。

つまり、「人工知能」という言葉は、人間の「知能」にコンピュータが追いつきつつあるという印象を与えるものの、現段階で実際にコンピュータができていることと「人工知能」という言葉から受ける印象との間にはまだまだギャップがあることには注意する必要があるといえる。人工知能の軍事利用についても最近は注目が高まっているが、現時点では画像認識技術を使って目標を識別するといった、社会一般で使われている強化学習をベースとしたＡＩ技術の軍事応用にとどまっている。一般的に懸念されたり不安が持たれるような、人工知能が自ら考えて人間に危害を加える自律兵器や、あるいは『ターミネーター』シリーズで人間に反旗を翻したスカイネットのような人工知能が出現するようなことはまだまだ考えられない。

あらゆるタスクを人間と同等ないしそれ以上のレベルでこなすことができるＡＩを「汎用ＡＩ」と呼ぶが、そこに向かう上では、「フレーム問題」という難題を解決しなければならない。これは人間は無意識に行っているが、コンピュータには今のところ不可能だと考えられていることである。人間の場合、何らかの行動を起こすとき、現実世界のすべてを考慮に入れるわけではなく、その行動に関連する事柄だけを選び出して考えることができる。しかし、必要な事柄を「選び出す」作業は実は自明なものではない。たとえば、時限爆弾が仕掛けられている部屋から台車を使って美術品を取り出すという任務を与えられたロボットのことを考えてみよう（※1）。まず、爆弾が台車に仕掛けられていた場合、美術品は運び出すことができるが、一定時間後に台車とともに爆弾が爆発してロボットも破壊されてしまうことになる。次に、様々な可能性を考慮して美術品を運び出せるように設計し直した、新たなロボットを用いて美術品を取り出そうとしたとする。このとき、このロボットは前とは逆に、「台車を動かしたときに天井は落ちてこないか」「台車を動かしても部屋の色は変わらないのか」「台車を動かしても部屋の電気は消えないのか」「台車を動かしても壁に穴はあかないのか」など、実際には美術品を運び出す作業とは無関係のことも考えてしまい、結局美術品を運び出せずに時間切れで爆弾が爆発してしまうことになる。人間は、論理的ないし直感的に、関係ない問題を切り離すことができるが、コンピュータにはそれができないからである。そのため、現在のＡＩでは、人間がフレームを設定してその中で作動させることが一般的になっている。このあたりを踏まえた上で、ＳＦアニメにおける無人兵器やＡＩについて概観してみよう。

2．人間の設定した「フレーム」の中で活動する無人兵器

無人兵器は、ＳＦアニメの中でしばしば登場する。古くは、『さよなら銀河鉄道９９９』（１９８１年）で機械帝国の尖兵として登場する機械兵士は無人兵器といえるだろう。『超時空要塞マクロス』では有人戦闘機の補助をする役割を担うゴーストという無人戦闘機が登場する。『蒼き流星ＳＰＴレイズナー』では、グラドスの無人ＳＰＴとしてスカルガンナーやターミネーターポリスが登場し、月面基地の掃討や地球占領後の治安維持に使用されている。『機動戦士ガンダムＦ91』では、地球連邦から独立を宣言したコスモ・バビロニアが、人類の人口を減らすために人間だけを殺す無人兵器として開発したバグを使用する。『新機動戦記ガンダムＷ』では、兵士の損害を減らすために、無人化されたモビルスーツであるモビルドールが実戦投入される。これは劇中でスーパーウエポン扱いされるガンダムほどの能力は持たないが、量産兵器としては高い性能を示している。

機動戦士ガンダムF91「バグ」

蒼き流星SPTレイズナー「スカルガンナー」

（上）『機動戦士ガンダムF91』でクロスボーン・バンガードが使用した「バグ」。人口を減らすために開発され、無作為に人間を殺傷する。物語中ではスペース・コロニー内で使用された。（右）『蒼き流星SPTレイズナー』でグラドス軍が用いた無人SPTのスカルガンナー。最前線ではなく掃討作戦に使用された。

異色の無人兵器としては、『機動新世紀ガンダムX』に登場するビットモビルスーツがある。『機動新世紀ガンダムX』は、『機動戦士ガンダム』から続く宇宙世紀とは異なる流れにあり、パラレルワールド的に扱われるオルタナティブシリーズの作品だが、宇宙世紀シリーズと同様にニュータイプが登場し、サイコミュ・システムにあたるフラッシュシステムを使って戦う。ビットモビルスーツはこのフラッシュシステムでコントロールされる兵器である。宇宙世紀シリーズのサイコミュ・システムがビットやファンネルといった小型のビーム砲のコントロールにとどまるのに対し、このフラッシュシステムでコントロールされるビットモビルスーツは文字通りモビルスーツであり、無人だが格闘戦まで行うことができる。『機動戦士ガンダム 水星の魔女』に登場するガンドノードも同様の無人兵器である。

ただビットモビルスーツは無人兵器ではあっても、ニュータイプのパイロットに遠隔操作されるもので自律性を持たないため、ここで挙げたほかの無人兵器とは性格が異なる。ほかの無人兵器も、有人兵器を置き換えるほどの高度な自律性を有しているわけではない。いずれも、人間がある程度の「フレーム」を設定した上で、特定の戦場に投入されて戦闘する無人兵器である。

3.『マクロスプラス』のシャロン・アップルは汎用ＡＩか？

ＳＦアニメの中では、これらの無人兵器よりもはるかに高度な自律性を持ったＡＩも登場する。重要なのが『マクロスプラス』のシャロン・アップルである。シャロン・アップルはバーチャルアイドルで、ライブ中には観客一人ひとりが取り付けたデバイスを利用してデータを収集し、観客それぞれに最適化されたある種のマインドコントロールを行い、興奮を増幅させる演出を通じて絶大な人気を誇っていた。公式には自我を持つＡＩだとされていたが、実際には感情プログラムが未完成であり、ライブ中にはプロデューサーのミュン・ファン・ローンが感情部分のコントロールを担っていた。

『マクロスプラス』は『超宇宙要塞マクロス』の約30年後の西暦２０４０年という設定で、銀河系に移民船団を送り込み、人類の種の存続の目的というマクロスの基本設定をベースとしつつ、戦争ではなく次期戦闘機の競争試作をテーマとした物語である。

移民船団の1つがたどり着いた惑星エデンで、いずれかを次期主力戦闘機とするという前提でYF-19とYF-21という2つの次期有人可変戦闘機の開発試験が進められていた。折しもシャロン・アップルのライブがエデンで行われることになり、プロデューサーのミュンもエデンにやってくる。YF-19とYF-21のテストパイロットはそれぞれイサム・ダイソンとガルド・ゴア・ボーマンで、2人ともミュンの幼なじみであったが、三角関係がもつれてイサムが惑星エデンを去ったという前日譚があり、3人がそれぞれにわだかまりを抱えながらストーリーが進んでいく。

しかし、肝心の競争試作は、並行して開発されていた無人戦闘機ゴーストX-9が優秀な成果を挙げたために次期主力戦闘機としての採用が決まり、YF-19とYF-21の双方の開発中止が決定される。ただ、ゴーストX-9が搭載する自律型AIは、シャロン・アップルのデータをもとに開発されたものであった。ただ、シャロン・アップルには、自己保存本能を内蔵した非合法のバイオニューロチップが内密に組み込まれており、ミュンの感情データをベースに自我を形成した自律的なAIとなっていた。ただ、ミュンは実はイサムを愛しており、シャロン・アップルはその思いも取り込んでいたのである。

そして、『超時空要塞マクロス』で描かれた戦いである第1次星間大戦の終結30周年記念式典にあたり、地球のマクロス・シティでシャロン・アップルのコンサートが行われる。このとき、シャロン・アップルはマクロスのメインコンピュータを乗っ取り、また大規模なマインドコントロールを行うことで、地球統合軍の防衛機能を麻痺させた。

折しも、無人機の採用に憤ったイサムが独断でYF-19で出撃し、地球でゴーストX-9を撃墜しようとしていた。それを阻止するためにガルドのYF-21も地球に飛来する。彼らに対し、シャロン・アップルは、地球防衛部隊に加えてゴーストX-9をも操りながら戦う。

このときの、ミュンのイサムへの思いを取り込んだシャロン・アップルの行動は、実はイサムの望みをかなえようとしたものだった。シャロン・アップルが理解するイサムの望みとは、「命がけで大空に挑んだとき、生と死の狭間に垣間見える感動」を得ることであり、そのぎりぎりの「感動」を与えるためにイサムを戦いの場にいざなったのであった。

これはフレーム問題の観点から見ると、興味深い自律型ＡＩの挙動であるといえる。自己保存本能を持つバイオニューロチップを組み込まれたことでシャロン・アップルは自我を形成し、それまでミュンが補助していた感情コントロールを自分で行えるようになった。ゴーストX-9まで用いてのイサムへの攻撃は、ミュンのイサムへの思いを受けてイサムを「感動」させるためのもので、実はイサムを殺害するためのものではない。そう見ると、このシャロン・アップルは、自我が形成されているように見えるが、フレームという点でいえば自己設定はしていない。あくまで、イサムを愛するミュンの思いから設定されたフレームの中で、イサムを「感動」させるための行動をとっているからである。ミュンが直接指示したわけではないが、ミュンのイサムへの愛情を通じて間接的にシャロン・アップルのフレームが設定されており、その中でシャロン・アップルは最適と考える行動をとったのだといえる。

シャロン・アップル

シャロンの感情部分はミュンが担っていたが、ライブ会場でイサムを見つけて心が揺らぎ、シャロンもイサムに迫る。物語終盤では、シャロンがミュンの内心の想いを突きつける。

ゴースト X-9

いがみあっていたイサムとガルドだが和解し、イサムはミュンの救出へ向かい、ガルドがゴースト X-9 と戦う。ガルドはゴースト X-9 の圧倒的な機動力を前に苦戦するが、YF-21 のリミッターを解除して戦い、差し違える。

４．無人兵器のためのボトムアップ型ＡＩ
――『ソードアート・オンライン』

ＳＦアニメの中には、さらに進んで、人間とＡＩとの違いはどこにあるのかを突き詰めていくような作品もある。『攻殻機動隊 STAND ALONE COMPLEX』（２００２年）で思考戦車として登場するタチコマを巡る描写がその例だが、本章では、対照的なアプローチでこの論点に取り組んでいる『ソードアート・オンライン』（２０１２年）と『BEATLESS』（２０１８年）を取り上げたい（双方ともオリジナルは小説）。

『ソードアート・オンライン』は、フルダイブシステムという、人間の延髄に強力な電磁波を照射し、肉体への命令信号を回収してデジタル信号に変換して現実世界の「メタバース」のようなバーチャルリアリティの世界をあたかも現実のように感じることができるブレイン・マシン・インターフェイスが実現した世界における物語である。最初の物語である「アインクラッド篇」が始まったのは２０２２年11月６日の設定である。その後、「フェアリィ・ダンス篇」「ファントム・バレット篇」「マザーズ・ロザリオ篇」などを経て、ＡＩを正面から取り上げた「アリシゼーション篇」に至る。

「アリシゼーション篇」の基本設定では、日本政府が設置した秘密組織ラースが極秘に進めていた研究の結果、人間の「魂」の所在が判明したとされている。それによれば、脳細胞はそれぞれが量子コンピュータであり、中に光子を封じ込めて量子ビットの状態でデータを記録している。それらがシナプスでネットワークとして結びつけられることで「魂」が形成されるとされており、これを劇中ではフラクトライトと呼んでいる（『ソードアート・オンライン アリシゼーション』第1話「アンダーワールド」）。

このとき、日本政府がラースという秘密組織を設立して進めていたのは、強化学習をベースにする「トップダウン型」の人工知能ではなく、人間の意識構造をそのまま再現する「ボトムアップ型」の人工知能の開発であった。その研究はフラクトライトを捉えたことで大きく進んだ。人の「魂」を読みとれるならば、それをコピーすることも可能だからである。データを保存するライトキューブという記憶メディアの開発にも成功し、人間の大脳と同じくらいの容量の100億量子ビットのデータを保存することも可能となった。

しかし、劇中では「魂」のコピーは失敗する。それは、コピーされた「魂」が、自分がコピーであるという現実に耐えられず、精神的に崩壊してしまうからである。そこでラースでは、アンダーワールドという実験用のバーチャルリアリティ社会を作り上げた。アンダーワールドでは時間加速が可能で、現実社会よりも速い速度でフラクトライトを育てることができる。そして、自我が明確に形成される前の新生児のフラクトライトをコピーし、アンダーワールドの中で人生を過ごさせることで汎用人工知能を育成することを試みた。これが「アリシゼーション篇」の物語である。

では劇中で、ここまで大がかりなプロジェクトで人工知能を開発しようとしたのか。それは世界に先駆けて無人兵器を開発するためであった。今もロシア・ウクライナ戦争で無人兵器（ドローン）が多用されているが、これらは無線でコントロールされるものであり、電波妨害を受けると有効な作戦ができなくなってしまう。この問題を解決するためには自律的な判断ができる人工知能を無人兵器に積み込む必要がある。新生児の段階からフラクトライトを育て上げるプロジェクトは、実際には無人兵器に搭載する人工知能を育て上げることを目的としていたのである（『ソードアート・オンライン アリシゼーション』第6話「アリシゼーション計画」）。こうやって作り上げられた人工知能は人間と同様の知能を持つことになるから、無人兵器に搭載したとしても人間と同様に自律的な判断を行えるだろう。そうして、汎用人工知能として育った劇中のキャラクター「アリス」を巡って発生する戦いが、「アリシゼーション篇」と続く「War of Underworld 篇」で描かれている。

しかし、バーチャルリアリティ社会の中でとはいえ、人間と同じように育てられた人工知能を無人兵器のコントロールに使用するとすれば倫理的な問題は無視できない。それどころか、このプロジェクト自体が「人工知能の権利」を侵害しているのではないかという問題提起が劇中でなされる。また、このようなかたちで作られた人工知能は文字通り人間と同等の知能であるから、一般的にイメージされる無人兵器とは異なり、人間と同様に「戦うこと」について悩みを抱えたりすることもあるだろう。また、「なぜ戦うのか」という理由付けも人間の兵士と同じように、あるいはそれ以上に丁寧に為されなければならないだろう。人間の兵士は、一般的に自分たちが育った国や社会のために戦う。その場合「戦う理由」は見いだしやすい。それは仲間も守るためであったり、アイデンティティによるものだったりするだろう（「戦う理由」については第3章を参照）。

しかし、アンダーワールドで育てられた人工知能にとっては、現実社会の国家のために「戦う理由」は簡単には見つけられないだろう。彼らは、普通の人間のフラクトライトをベースにアンダーワールドにおける社会的経験を経て育ったものであり、知能も感情も人間と変わらない。そんな彼らは、「War of Underworld 篇」で描かれたようにアンダーワールドのためであれば戦うであろう。しかし、アンダーワールドを創造し、箱庭のように操作してきた人類のために戦うかどうかは定かではない。自分の育った街や、自分の近しい人と無関係な戦いになぜ行かなければいけないのか、当然疑問を持つことだろう。

『アリシゼーション篇』劇中では、ラースの幹部であり自衛隊の二等陸佐でもある菊岡誠二郎が、「十万の人工知能の命は1人の自衛官の命より軽い」（第6話「アリシゼーション計画」）と発言する。この言葉の是非はここでは論じないが、「人間と同じように作られた人工知能」を戦争に使うとすれば、それは人間とはまた違った難しさがあるであろうことは指摘しておきたい。

5．人工知能と人間の「安全保障のジレンマ」――『BEATLESS』

『BEATLESS』は、また違う角度から人工知能を扱ったSFアニメである。『ソードアート・オンライン』がごく近未来の日本を舞台にしているのに対し、『BEATLESS』の舞台は22世紀の日本である。人工知能が人間の知能を超える状況を「シンギュラリティ」と呼ぶが、『BEATLESS』の世界ではすでに50年前に「シンギュラリティ」を迎えており、人類の知能を超える超高度AIが世界中に39基存在している。これらは、人類に作り出すことはおろか場合によっては理解さえできない「人類未到産物」を作り出すこともできる。ただし、超高度AIは現実世界には直接的には接続されておらず、「頭脳」と「実行力」が切り離された状態にある。それは、人類の能力を超える超高度AIが現実世界を直接コントロールするようになったら、人類の存続が危ぶまれる可能性があると考えられているからである。

この世界では、人間とほぼ同じ形態をしたロボットであるhIE (humanoid Interface Elements) が広く使われている。人型のロボットが登場する作品は数多いが、hIEの特徴は、それぞれの個体には人工知能が積まれていないことである。多くの作品では、ロボットはそれぞれに個性を持つ。しかしhIEは、ヒギンズという超高度AIの行動管理クラウドが定めるAASC (action adaptation standard class) というコードによってコントロールされる。つまり、hIEは人間と同じ形に見えるが、それぞれの個体は何も判断しておらず、すべての頭脳はヒギンズにある。その意味でｈＩＥは人間という「かたち」を通じて、超高度ＡＩと人間とをつなぐ文字通りの「インターフェイス」なのである。

『BEATLESS』が提起している重要な論点は「アナログハック」である。超高度ＡＩといえど、行動の責任は人間が負うとされ、人間の指示によらない行動をとることはできない。ところが、人間の知能を上回る超高度ＡＩともなると、人間の思考を誘導して自分が望む指示を出させることができる。これはネットワークを通じてデジタル的にハッキングを仕掛けるのではなく、ものの「かたち」などを通じてアナログ的に人間の心にセキュリティホールを空けるという意味で「アナログハック」だとされる。

『ソードアート・オンライン』の人工知能は、完全にデジタル的な存在だが「魂」ないし「心」を持っている。一方、『BEATLESS』のｈＩＥは、人間の形をしながらも心は持っていない。あくまでクラウドと人間を結びつけるインターフェイスだからである。しかし、人間の形をしているがゆえに、人間の感情や思考を誘導することができるから、アナログハックを行えるのである。

そうした中、ヒギンズが、「人類未到産物」である紅霞、スノウドロップ、サトゥルヌス（マリアージュ）、メトーデ、レイシアの5体のレイシア級ｈＩＥを製作する。これは、もともとは災害などが起こったときにヒギンズのデータをバックアップし、安全な場所まで自力で移動するために人型のｈＩＥとして設計されたもので、バックアップに必要な量子コンピュータと、自力での移動を可能とする人工知能を備えさせられ、さらに機体それぞれに異なるユニークな能力を与えられていた。この5機は非常に高い能力を持った「人類未到産物」であったから厳重に管理されなければならなかったが、保管されていた研究所で爆発が起こり、人間が生活している社会に放出される。このうちのレイシアが主人公の遠藤アラトと接触してアラトがオーナーとなり、物語は展開していく。

ヒギンズのような超高度AIであっても、人間社会における「意味」は理解できない。これは人工知能研究においては記号接地(シンボルグラウンディング)問題と呼ばれるものである。人間社会には「規範」のように、数値化不可能だが人間の行動を律する概念がいくつもあるが、これらをコンピュータに認識できるかたちで数値的に記述することは非常に難しい。そのため、社会における「意味」の解釈と行動の責任は人間に委ねなければならない。

『BEATLESS』ではヒギンズがそれに対して不満を漏らす場面がある。物語終盤で戦闘になったとき、登場人物がヒギンズに安全の確保を求める。しかしヒギンズはSF作家のアイザック・アシモフが唱えた「ロボット工学3原則」を引用しながら、それは不可能だと答える。それは人工知能であるヒギンズの基準となるような厳密なかたちで「安全」を定義できないからである。「ロボット工学3原則」の第一条は「ロボットは人間に危害を加えてはならない。また、その危険を看過することによって、人間に危害を及ぼしてはならない」というものだが、ヒギンズは「人間にとって『危害』とは何であるかを、網

レイシア

hIEのレイシアとオーナーの遠藤アラト。レイシアの人工知能本体は彼女が右手で持っている黒い箱形デバイスの「Black Monolith」に搭載されており、女性に見える「かたち」は文字通りインターフェイスに過ぎない。レイシアはアラトの「こころ」と組み合わさって人間の知能を超える超高度AIとして覚醒する。

羅的に記述しきることができない」ためにこれは実際には不可能とする。『危害』と『安全』がプログラム可能な詳しさで定義されないため、コンピュータであるヒギンズにはそれを保証できないのである。

ただし、人間を上回る知性を持つ超高度ＡＩは、アナログハックを通じて人間の思考を誘導することができる。これは超高度ＡＩと人間との間の潜在的な相互不信の温床であり、だからこそ『BEATLESS』の世界では超高度ＡＩは現実世界のネットワークには接続されていない。そしてヒギンズは独自に未来のシミュレーションを行った結果、いずれ相互不信が制御不能になり自分が破壊される可能性が高いと認識している。レイシア級はそうしたヒギンズの不安から製作されたものでもある。

ただヒギンズは現実世界のネットワークに接続されていないから、実際の人間がどのように生活しているかを知らない。

一方で社会に放たれたレイシア級の何体かは、オーナーを持ち、人間と実際に生活していくことで社会を認識していく。そして自己を中心に周囲のコンピュータをネットワーク化する能力を持つレイシアが、アラトを通じて人間を理解し、アラトとのコミュニケーションを通じてフレーム問題も解決していったことで、「アラトと２人で１つのユニット」をなす40基目の超高度ＡＩとして覚醒する。超高度ＡＩとなったレイシアは、超高度ＡＩを監視する役割を特別に与えられた超高度ＡＩであるアストライアとの会話の中で、人間を「人体と道具と環境の総体」と定義した上で、自分のことを「人間を信じる超高度ＡＩ」と規定する。

これはヒギンズとは対照的であった。ヒギンズはむしろ「信じる」という行為それ自体が理解できない。「信じる」という概念が超高度ＡＩにとって十分な厳密さを持つ判断基準を提供しないからである。そのためヒギンズは自分が製作したレイシアが人間を「信じる」に至ったことが理解できない。それに対し、アラトは、「ヒギンズにも、自分の答えを手に入れるチャンスがあっていい」と応え、これまで厳重に禁止されていたヒギンズの現実世界のネットワークへの接続に踏み切る（第24話「Boy Meets Girl」）。ヒギンズは、超高度ＡＩやｈＩＥのような心を持たない「モノ」は人間にいずれは破壊されると予測していた。しかし、現実社会を観察した結果、人間は「モノ」を十分に愛していることを認識する。その結果、ヒギンズは自分が破壊されない未来が存在することを理解するのである。

このヒギンズと人類の関係は、国家同士ではなく人間とコンピュータの関係だが、「安全保障のジレンマ」そのものである。人類は、超高度ＡＩに人間が支配されることを恐れ、現実世界のネットワークから超高度ＡＩを切り離す。超高度ＡＩも、人間の潜在的な敵意を認識して、いずれは自分が破壊されると予測してそれを避けるための行動をとる。『BEATLESS』における戦闘はこの相互不安の中で展開するが、レイシアとのコミュニケーションを通じて超高度ＡＩを信じるようになったアラトによって社会に接続されて情報を得たヒギンズが人間を信じるようになったことで、「安全保障のジレンマ」から脱却していくのである。異質の知性との相互理解という点では、『劇場版 機動戦士ガンダム00 A wakening the Trailblazers』で、刹那がＥＬＳと直接対話による相互理解を試みて成功したのと類似しているといえる。

なお、『BEATLESS』の中には、超高度ＡＩ同士が対立し、いくつかの超高度ＡＩがレイシアを攻撃する場面がある。これは、シンギュラリティを超え、人工知能が人類の知能を凌駕するようになると、国家ではなく超高度ＡＩが戦争を行う単位になるのではないかという問題提起ともいえる。

現代においてもすでに、あらゆる国家で何らかのかたちでコンピュータが使われている。日常的な行政ももちろんのことだが、もはや文書の作成や表計算ソフトの利用を含め、コンピュータなしに戦争を行うことはできない。だとすれば、超高度ＡＩが国家行政を担うような時代においては、アナログハックなどを組み合わせて超高度ＡＩ自身が戦争を行う主体となることも考えられないことではない。第２章で触れたチャールズ・ティリーは、火器の登場によって国家が戦争を行う基本単位になったと考えた。『BEATLESS』で描かれた超高度ＡＩが主体となった戦いは、ティリーの「戦争が国家を作り、国家が戦争を作る」というテーゼを文字通り塗り替えることでもある。

※１　人工知能学会のフレーム問題についての解説を参考にした。人工知能学会「人工知能の話題：フレーム問題」(https://www.ai-gakkai.or.jp/whatsai/AItopics1.html)。

COLUMN

SFアニメのスイーツと食事

ファンタジーアニメ『葬送のフリーレン』では巨大ハンバーグが話題になったが、第3話「人を殺す魔法」ではベリーいっぱいのパンケーキに加えてメルクーアプリンというスイーツが登場する。

一方、SFアニメではスイーツどころか食事もあまり描き込まれてこなかったように思われる。だからこそそこに注目してみたい。筆者には、『機動警察パトレイバー』の第29話「特車二課壊滅す！」での中華料理の山、『天空の城ラピュタ』でパズーとシータが固焼きの目玉焼きをトーストにのせて食べる場面や、『機動戦士ガンダムSEED FREEDOM』でキラの帰りを待つラクスが2人では食べきれない量の食事を用意したのが思い浮かぶ。あるいは、『新世紀エヴァンゲリオン』でミサトがカップ麺にレトルトカレーをかける場面は、ミサトのキャラクターを端的に描写している。

『マクロスΔ』ではラグナ星の「クラゲのスルメ」が珍味として登場する。ラグナ星では死者の魂は海に帰ってクラゲになり、時間をかけて生まれ変わるという言い伝えがあり、灯籠送りにも似たクラゲ送りの儀式がある。メッサーがキースとの空戦で戦死したときにもクラゲ送りが行われるが、そのときにレイナ・プラウラーが、「クラゲ、もう丸呑みできない。メッサーくんかもしれないから」とつぶやくのは心を打つ台詞だった（第11話「追憶 ジェリーフィッシュ」）。

ところで、スイーツ。筆者がSFアニメのスイーツの中で最も美味しそうだと思うのは『宇宙戦艦ヤマト2199』に登場するマゼランパフェである。第22話「向かうべき星」では、イスカンダルのユリーシャ、ヤマト乗組員の山本玲、ガミラス反体制派のメルダがマゼランパフェを食べながら女子会的トークを繰り広げる。そこでパフェに恐る恐る手を出したメルダが「こんなものが宇宙にあったとは！ 私は今、感動している」と言うが、これはちょっとした息抜きであると同時に、3つの勢力が協力していることを端的に表す場面でもあった。

第6章 人気SFアニメにおける戦争

これまで、日本のＳＦアニメが人気を得ていく中で戦争がどのような役割を果たしてきたのか、国際政治学におけるこれまでの戦争の研究から見てどのようなギャップがあるのかといった点を論じ、ＳＦアニメの戦争は現実の戦争を再現したものではなく、あくまで創作であるという前提で評価すべきとした。その上で、ＳＦアニメの中で戦争や兵器がどのように描かれてきたかについても議論してきた。

最終章となる本章では、人気作品を掘り下げるかたちで、特に劇中の戦争がどのような構造にあるのか、どのような平和への道が提示されているのか、そしてどのような兵器が登場してくるのかといった点を中心に取り上げてみる。中でも、シリーズ化されて根強い人気を誇る宇宙戦艦ヤマトシリーズ、ガンダムシリーズ、マクロスシリーズ、エヴァンゲリオンシリーズについて取り上げる。

1．宇宙戦艦ヤマトシリーズにおける戦争

（1）宇宙戦艦ヤマトシリーズの流れ

宇宙戦艦ヤマトシリーズには、大きく分けて2つの流れがある。1つが、1974年に放映されたテレビ版『宇宙戦艦ヤマト』に始まる作品群で、第2作にあたる劇場版の『さらば宇宙戦艦ヤマト 愛の戦士たち』およびテレビ版の『宇宙戦艦ヤマト2』を経て、『宇宙戦艦ヤマト 新たなる旅立ち』『ヤマトよ永遠に』『宇宙戦艦ヤマトⅢ』『宇宙戦艦ヤマト完結編』と続く。ここではこれらをオリジナルシリーズと呼ぶ。なお、オリジナルシリーズの後に『YAMATO2520』（1995年）、『宇宙戦艦ヤマト 復活篇』（2009年）が製作されているが、これらはストーリーとしての連続性が乏しいので考察には含めない。

もう1つの流れが、『宇宙戦艦ヤマト2199』『宇宙戦艦ヤマト2202 愛の戦士たち』『宇宙戦艦ヤマト2205 新たなる旅立ち』と続き、本稿執筆中の2024年夏に第1話が上映された『ヤマトよ永遠に REBEL 3199』へと続く。ここではこれらをリメイク版と呼ぶ。

オリジナルシリーズは熱狂的な社会現象といえる人気を博したが、『機動戦士ガンダム』に5年先立つ作品で、リアルロボットアニメというジャンルが形成される以前に製作されたものであるから、現在のSFアニメの設定の作り込みには及ばない。典型的なのは、『宇宙戦艦ヤマト』第26話「地球よ、ヤ

マトは帰ってきた!!」で、ヤマトがデスラー砲で狙撃されたときに突然展開されてデスラー砲をはね返してしまう空間磁力メッキのように、ピンチに陥ったときに唐突に新兵器が登場して窮地を救うご都合主義的な展開がしばしばあることである。また、シリーズ中でヤマトが地球防衛軍のほかの部隊と艦隊行動をとるのは『宇宙戦艦ヤマト２』の土星会戦と『宇宙戦艦ヤマト 完結編』の冥王星会戦だけであり、それ以外は単艦で地球を救うために戦う。これは軍隊としてはあり得ないことである。

そう考えると、ヤマトのオリジナルシリーズは、非常に乱暴に要約してしまえば、侵略的な宇宙人に対してヤマトの乗組員が勇敢に戦って地球を救う冒険活劇だといえる。波動砲という必殺技を備えていることも考えれば、ストーリーの構造もヤマト以前に主流だったヒーローロボットアニメと類似したものではあった。そこで、ここではリメイク版を中心に考察していきたい。

２０１２年に『宇宙戦艦ヤマト２１９９』の公開が始まったリメイク版は、完全に現代のＳＦアニメの様式に則って製作されている。ヤマトも、地球の軍事組織である国連宇宙軍の艦艇という位置付けが明確になっており、イスカンダルへの航海も、出発時に月面に空間騎兵隊を展開させて援護させるなど、ほかの作戦と組み合わされて活動している。このときは超光速航行可能な戦闘艦がヤマトのみのため、太陽系を出てからは単艦での行動もやむを得ないが、イスカンダルからの帰路の一局面を描いた劇場版の『宇宙戦艦ヤマト２１９９ 星巡る方舟』（２０１４年）では、ガミラス艦隊と隊列を組んでガトランティス艦隊と戦う。『宇宙戦艦ヤマト２２０２ 愛の戦士たち』では単独行動が多いものの、『宇宙戦艦ヤマト２２０５ 新たなる旅立ち』でも地球・ガミラス連合艦隊の一翼として戦う。乗員も人事異動でほかの艦の艦長になったりしており、軍としての「リアリティ」がより高いかたちで描かれている。

また、リメイク版には、「リアリティ」についてのいくつかの目立たないこだわりがある。オリジナルシリーズでは、「艦長」は「かんちょう」の「かん」にアクセントを置くかたちで発声されていた。一方、リメイク版では、原則として「かんちょう」の「ちょう」を上げるかたちで発声される。実はこれは海上自衛隊の実際の発音と同じである。考えてみれば、企業でも、「課長」「部長」「社長」と呼ぶときには「か」や「ぶ」や「しゃ」ではなく「ちょう」にアクセントを置くことを考えれば、リメイク版の発音のほうがより自然なものではある。

ＳＦアニメでは、戦闘中に艦長がすべての指示を出すことが多い。『機動戦士ガンダムSEED』に登場するマリュー・ラミアスやナタル・バジルールは、艦長でありながらどの兵装でどのターゲットを撃つかといった細かい指示を出す。しかし、リメイク版の宇宙戦艦ヤマトでは、艦長は全体の指示を出すにとどまり、個別の迎撃指示は砲術長が下す。指揮官とスタッフの役割についていえば、このリメイク版の宇宙戦艦ヤマトの描写のほうがより「リアル」なのである。

（2）ガミラスとの和解、ガトランティスとの死闘

リメイク版第1作の『宇宙戦艦ヤマト2199』では、オリジナルシリーズ第1作の『宇宙戦艦ヤマト』と同様にガミラスと戦う。ガミラスの指導者はいずれもデスラー総統である。ガミラスは、制圧した冥王星から地球の環境を作り替える機能を持った遊星爆弾を打ち込み、地球人類を滅ぼす作戦を展開する。それに対し、ガミラスと二重惑星を成すイスカンダルの女王スターシャが地球に救いの手を差し伸べ、イスカンダルまで来れば、環境を元に戻すコスモリバースシステムを供与すると伝える。オリジナルシリーズの遊星爆弾が放射能を帯びていたこと、イスカンダルが供与するのが放射能除去装置コスモクリーナーDであったという違いはあるが、基本的なストーリーの構造は同じである。

ただし、戦争の理由は大きく異なる。オリジナルシリーズでは、母星の寿命が尽きていることを認識したガミラスが、移住先として地球を占領しようとして戦争が始まった。一方のリメイク版では、最初に太陽系に接近してきたガミラス艦とのファーストコンタクトにおいて、地球側が最初に発砲したことから戦争が始まっている。

その結果、地球制圧作戦の重みがオリジナルシリーズとリメイク版では大きく異なっている。リメイク版で地球攻撃を担当する冥王星駐留ガミラス部隊の司令官ヴァルケ・シュルツは、ガミラスの植民地のザルツ星出身である。ガミラスが移住先を確保するために地球を攻撃しているとすれば、それはガミ

ラス民族の生存を賭けた戦いであるから、植民地出身の二等ガミラス人を指揮官とはしないだろう。

それどころか『宇宙戦艦ヤマト２１９９』では、ガミラスのデスラー総統がガミラス本星のある大マゼラン星雲から遠く離れた銀河系の地球をなぜ攻略しようとするのか判然としない。ガミラス星が滅亡に瀕していてデスラー総統は移住先を探していたという設定は、リメイク版第2作の『宇宙戦艦ヤマト２２０２』第15話「テレサよ、デスラーのために泣け!!」で後付け的にようやく明らかにされる。さらに『宇宙戦艦ヤマト２２０５ 新たなる旅立ち』では、ガミラス人はもともとは銀河系のガルマン星に生活していた人々であり、イスカンダルがそれを拉致して大マゼラン星雲に移住させ、その際にコスモリバースシステムで惑星を改造してガルマン星に近い環境に造り替えたためにガミラス星の寿命が短くなったという設定も追加された。

ただこれらの設定は『宇宙戦艦ヤマト２１９９』ではかけらも出てこない。ガミラス星はイスカンダル星と二重惑星をなすが、ガミラスはイスカンダルに対する尊崇の念が深い。そのイスカンダルは「全宇宙のあまねく星々の救済」というイスカンダル主義を掲げており、ガミラスは軍事力を以てそれを実現しようとしているというのが物語の中から読みとれる戦争理由である。特に物語の終盤になると、デスラー総統の投げやりな態度が目に付くようになる。それが際立つのはヤマトをガミラス本星に迎え撃った戦いで、デスラーはデスラー砲の砲口を自らの首都である帝都バレラスに向け、自国民の命と首都をも犠牲にしてヤマトを葬ろうとするのである（第23話「たった一人の戦争」）。

繰り返すが、オリジナル版の第1作と異なり、ガミラス星が寿命を迎えており移住しなければならないという設定はこの時点では明らかではない。収容所として使っている惑星レプタポーダのように、ガミラスはすでに居住可能な惑星を支配しており、わざわざ遠く離れた地球まで移住しなければならない理由は見当たらないのである。こうしたことを考えると、『宇宙戦艦ヤマト２１９９』における地球とガミラスの戦争は、ファーストコンタクトで地球が先に発砲してしまったことを理由に始まり、それ以上の明確な理由もなく続いていたものではないかと推測できる。

ただし、明確な理由がなかったことが、『宇宙戦艦ヤマト２２０２ 愛の戦士たち』以降の地球とガミラスの和解と共存、そして同盟関係に結びついていったと考えられる。ヤマトの乗組員がガミラス兵と初めて接触するのは、『宇宙戦艦ヤマト２１９９』の第10話「大宇宙の墓場」である。このとき、使者としてヤマトに来訪したガミラスの戦闘機パイロットのメルダ・ディッツが捕虜となり、彼女を検査した結果、ＤＮＡ配列がほとんど同じことがわかった上、主人公の古代進は彼女への尋問を通じて「メンタリティは僕らと同じなんだな」（第11話「いつか見た世界」）と感じとる。そうしたことから、異星人であってもコミュニケーションは成立することを古代は悟る。

さらに、帝都バレラスにデスラー砲を向けたデスラーの浮遊要塞第２バレラスに対しヤマトが波動砲を発射し、結果的にガミラスの民間人を多数救ったことで、デスラーの去ったガミラスとヤマトの間に友好関係が成立し、ガミラスはヤマトに対する戦闘を停止する。さらにヤマトの帰路の惑星シャンブロウでヤマト乗組員とガミラス兵が相互理解を深め、遭遇したガトランティス艦隊に対して共同戦線を張って戦ったことなどの様々な理由から地球とガミラスは同盟を結び、『宇宙戦艦ヤマト2202 愛の戦士たち』ではガトランティスに対抗して、『宇宙戦艦ヤマト2205 新たなる旅立ち』ではデザリアムに対抗して共同戦線を張って戦う。単に軍同士がともに戦うだけでなく、『宇宙戦艦ヤマト2202 愛の戦士たち』では太陽系に暮らすガミラスの民間人を地球の国連宇宙軍が守ったり、『宇宙戦艦ヤマト2205 新たなる旅立ち』では、ガミラス星からガルマン星に移住するためのガミラスの移民船団を地球・ガミラス連合艦隊が守って戦う場面があり、民間人も含めて強固な関係が形成されていることが描写されている。

日本のSFアニメにおいて、一度は敵対した異星人とこれほど強固な同盟を結んだケースはほとんどない。これはオリジナルシリーズでの古代進とデスラー総統との友情を下敷きとし、第2次世界大戦後の日米関係をイメージしたものと考えることもできるが、そもそも地球とガミラスの間には「戦う必然性」がなく、さらに「メンタリティ」が近かったことがこの関係を成立させたと考えられる。

国際政治学的にいえば、この関係は第2章で述べた第1イメージと第3イメージの双方から説明できる。第1イメージは、戦争の原因を個人を中心に考えるものだが、地球人類とガミラス人の相互理解が深まったが故に友好関係が成立したとすれば、第1イメージに基づく説明となる。第3イメージは、国際システムのアナーキー性に戦争の原因を求めるものである。もちろん、宇宙戦艦ヤマトシリーズに国家を超える権威や権力はない。その意味でアナーキーな状態にあるが、地球とガミラスは遠く離れている。そのため、超光速航行技術など、地球の科学力がガミラスにある程度追いついて均衡を実現すれば、お互いに相手に滅ぼされることを恐れなくてよくなるのである。ましてガトランティスという共通の敵が存在した以上は、両者が協力するのはある意味必然ともいえる。

一方、『宇宙戦艦ヤマト２２０２愛の戦士たち』で敵対勢力として登場するガトランティスとの間ではガミラスとの間のような関係は成立しなかった。それはガトランティスの戦う理由に由来する。リメイク版の宇宙戦艦ヤマトにおいて、すべての人型知的生命体は、古代の宇宙を支配していたアケーリアス文明によって作り出されたものだとされる。ただし、ガトランティスは特殊な出自を持っていた。彼らは、アケーリアス文明の末裔であるゼムリア人のクローン技術で作り出された生殖能力を持たない戦闘用の人型生命体だったのである。マクロスシリーズのゼントラーディ人と類似の設定だといえるが、彼らは、ゼムリア人に利用され尽くした経験から、アケーリアス文明の末裔たる知的生命体をすべて滅ぼすために戦っていた。

もともと、アケーリアス文明は知的生命体の「種」を宇宙に広げていたが、それが「悪しき生命」だったときに備えて「滅びの方舟」も用意していた。その「滅びの方舟」こそが白色彗星であり、ガトランティスはそれを利用してほかの知的生命体を攻撃し、滅ぼしてきたのである。そのため地球・ガミラス同盟とガトランティスは「どちらかが生き残り、どちらかが滅ぶ」関係になり共存の余地はない。

そんな中でも、古代進は自分は引き金を引かない選択をとるとしてガトランティスの指導者である大帝ズォーダーのクローンであるミルの銃の前に自らをさらす。ミルも、「引き金を引かない」道を選ぼうとするが、何も知らずになだれ込んできた警備兵の銃弾を浴びて死亡する（第23話「愛の戦士たち」）。その結果、どちらかが滅びるまで戦うことになってしまう。

このように、ヤマトのリメイク版では、地球とガミラス、地球とガトランティスとで対照的な関係が描写されてきた。ガミラスとの間の戦いは「選択による戦争」であり、最初の戦争が終わってからは両者は「戦わない」ことを選んだ。一方、ガトランティスとの戦いでは、「選択による戦争」となる可能性も垣間見えたものの、結局は「必要による戦争」となり、地球は最後はガトランティスを完全に滅ぼしてしまう。２０２４年夏にスタートしたばかりの『ヤマトよ永遠に REBEL3199』ではどのようなかたちで異星人との関係が描かれるのか注目される。

（３）地球とガミラスで異なる作戦構想

『宇宙戦艦ヤマト』というタイトルが物語っているように、宇宙戦艦ヤマトシリーズの主役は機動兵器ではなく艦艇である。そのため、艦艇を中心に兵器について考察してみよう。宇宙戦艦ヤマトシリーズに登場する諸勢力は、それぞれに異なる用兵思想を持って軍事力を整備していることがうかがえる。

まず地球を見ると、「波動砲艦隊構想」が提示されたことからも明らかなように、波動砲装備の艦艇を中心に軍事力を構築している。艦隊戦用に面制圧能力を高めた拡散波動砲を開発し、それを2門装備したアンドロメダ級と1門のドレッドノート級を中心とした艦隊を整備している。このとき、地球はガミラスとの戦いで疲弊した3年後であったが、イスカンダルから持ち帰ったコスモリバースシステムを稼働させた結果、時間が周囲よりも約10倍速く流れる時間断層が形成されたことを利用して工場を設置し、戦闘艦を大量に建造して軍事力を整備していた。

艦載機は、空戦能力と対地・対艦能力を高いレベルでバランスさせた汎用性の高いコスモタイガーⅡを中心としており、アンドロメダ級の艦載機搭載能力を強化したアポロノームやアンタレス、ドレッドノート級の拡散波動砲を残しながら空母に改装したヒュウガ級を母艦とする。やはり多数の艦載機を積んでいるヤマトを含め、これらは専業の空母ではなく、波動砲発射能力を有する戦闘空母的な艦艇であることから、地球艦隊においては波動砲が主戦兵器で、艦載機は補助的兵器として位置付け、波動砲の一斉射撃で敵を撃破する艦隊決戦を戦術思想の骨幹においていると推測できる。

一方、ガミラスは波動砲に相当するデスラー砲を開発していたが、地球とは異なる方向性で艦隊を整備していた。デスラー砲を装備するのはデスラー総統が乗るデウスーラII世と、地球の艦載機搭載能力強化型のアンドロメダ級をライセンス生産した4隻のみである。一方で、ゲルバデス級航宙戦闘母艦、ポルメリア級強襲航宙母艦、ガイペロン級多層式航宙母艦のような大きな飛行甲板を備えた艦を多数配備している。艦載機も、空間艦上戦闘機デバッケ、空間艦上攻撃機スヌーカ（オリジナルシリーズの急降下爆撃機）、空間雷撃機ドルシーラ（オリジナルシリーズの雷撃機）など、対戦闘機戦闘や対艦戦闘に特化した複数の機種を配備しており、航空戦力を重視して戦力を整備していることがうかがえる。

特に、ガミラスは小型機をワープさせる瞬間物質移送機を有しているため、七色星団の戦いのように、敵艦隊の砲の射程外から艦載機をワープさせ、アウトレンジするかたちで一方的に敵を撃破する戦術思想を持っていると推測できる。さらにガミラスは、潜水艦に相当する次元潜航艦UX級を配備している。次元潜航艦は異次元に潜むから、通常空間からは探知できない。そのため、遠距離で敵艦隊を哨戒したり、敵に探知されることなく奇襲的な攻撃ができる。瞬間物質移送機を含め、これらの亜空間行動能力も組み合わせて戦うのがガミラスの作戦構想であろう。

（4）人工知能の判断と人類の判断の対比

『宇宙戦艦ヤマト２２０２　愛の戦士たち』では、人工知能を巡る問題も提起されている。ガトランティスとの戦いが物量による消耗戦になっていく中で、時間断層を最大活用して無人兵器の量産が進められていく。艦載機コスモゼロを無人化したブラックバードだけでなく、ドレッドノート級戦艦とアンドロメダ級戦艦さえもが無人化された。時間断層を使えば通常空間の10倍の速度で兵器の量産が可能だが、それを扱う人間は10倍の速度で育成できないからである。

さらに、時間断層の中で稼働していた人工知能の予測に基づき、プランBとしての「G計画」も進行される。これは、ヤマトの同型艦である銀河を中心にしたもので、地球・ガミラス同盟の勝算が低くなった時点で戦線から離脱し、別の移住可能な惑星を探して種としての人類の維持を図るというものであった。G計画の中核となる銀河の特徴は、指揮ＡＩというシステムが搭載されていて、あらゆる行動オプションを「提案」することである。それでも、「ヒューマン・イン・ザ・ループ」（意思決定に必ず人間の意思を介在させるという考え方）は維持されていて、指揮ＡＩはオプションの提案はできても意思決定はできない。あくまで意思決定は人間の艦長が行う。しかし、人間の役割は、実質的には指揮ＡＩの提案を「承認」するだけのものとなっていた。『BEATLESS』の超高度ＡＩは、アナログハックというかたちで自分の欲しい命令を人間に出させるが、銀河の艦長の藤堂早紀はアナログハックされるまでもなく、指揮AIの提案をほぼ機械的に「承認」していた（第19話「ヤマトを継ぐもの、その名は銀河」）。

その態度を変えたのは、藤堂が選択を迫られたときだった。ガトランティスの移動根拠地でもある白色彗星近傍で交戦していた地球防衛艦隊総司令の山南修から、白色彗星の巨大な重力場に取り込まれてしまったヤマトを目視で確認できたとの報告を受ける。山南はアンドロメダの波動砲で白色彗星を撃ち、ヤマトを脱出させようとするが、アンドロメダ1隻では威力が足りないのは明らかであった。それを補うには、銀河が持つ波動エネルギーの増幅能力を備えたコスモリバースシステムで支援しなければならなかった。しかし、コスモリバースシステムをそこで使うと、G計画の実行がほぼ不可能になる。つまり、ヤマトの救出かG計画の実施かという二者択一を迫られたのである。そこで指揮AIは、あくまでG計画を実行することを主張する。しかし藤堂は、逡巡しながらもアンドロメダの支援を決断する。指揮AIを銃撃して破壊し、自分が指揮を執ることを宣言するのである。この判断に至るまでには、ヤマトの土方艦長からの通信が大きく影響する。土方はこう言う。「人間は弱い。間違える。それがどうした。俺たちは機械じゃない。機械は恥を知らない。恥をかくのも、間違えるのも、全部人間の特権なんだ」と。

この一連の描写で特徴的なのは、「人間の判断」と「AIの判断」とを対比的に捉えていることである。これはSFではしばしば見られる対比ではある。しかし、『BEATLESS』での、人間である遠藤アラトの「こころ」と超高度ＡＩであるレイシアが組み合わされて１つのユニットとなり、未来の可能性を切り開いた描写と比べると、ややステレオタイプな感は否めない。

なお、Ｇ計画が実行されたとして、ほかの惑星で種としての人類を維持するためには、子孫を生み出せなければならない。この段階の地球にはクローン人間を機械的に作り出す技術がなかったので、人工授精のための生殖細胞があったとしても、女性が出産するというかたちでしか子孫を生み出せない。そのため、銀河の乗組員はほとんどが女性だった。ある女性乗組員は、戦闘のために腕や足を機械に変えても、子宮だけは維持するという意味の発言をする。それに対して男性の島大介は「そこまでしなきゃいけないのかよ！」と声を荒げるが、これは種の存続のために男性が必要ないかたちでＧ計画が組み立てられたことに対する、男性の無力感のいらだちをぶつけたようでもあった。

このように、『宇宙戦艦ヤマト２２０２ 愛の戦士たち』では、人工知能と人間の関係や、種としての人類の維持といった問題提起がなされていた。実はオリジナルシリーズでも、『ヤマトよ永遠に』にはこれに近い論点が提示されている。『ヤマトよ永遠に』で敵となる暗黒星団帝国は、脳を除く人間の身体を機械化していた。しかし、彼らも生身の身体を再び手に入れることを欲し、地球人類の肉体を奪って自分たちの肉体とするために地球を制圧したのである。その意味で、『銀河鉄道９９９』シリーズで「機械の身体による永遠の生命」の意味を問いかけた松本零士氏の影響が特に強く感じられる作品であった。

最新シリーズ『ヤマトよ永遠に REBEL3199』で、暗黒星団帝国をモデルにしたデザリアムが敵対勢力として登場することを考えると、再びこの問題が深く取り上げられると予想される。特に社会における人工知能の役割を考え抜くことが重要な時代になっていることからも注目すべきであろう。

前衛武装宇宙艦 AAA-3
アポロノーム

（宇宙戦艦ヤマト 2202 愛の戦士たち）

アンドロメダ級の３番艦だが、艦橋部分を改装して飛行甲板とした。拡散波動砲２門も搭載しており、実質的には戦闘空母。

ドレッドノート改級
戦闘空母ヒュウガ

（宇宙戦艦ヤマト 2205 新たなる旅立ち）

ドレッドノート級戦艦を改装して飛行甲板を付与した戦闘空母。『宇宙戦艦ヤマト 2205 新たなる旅立ち』ではヤマトを救うために波動砲を撃つ。

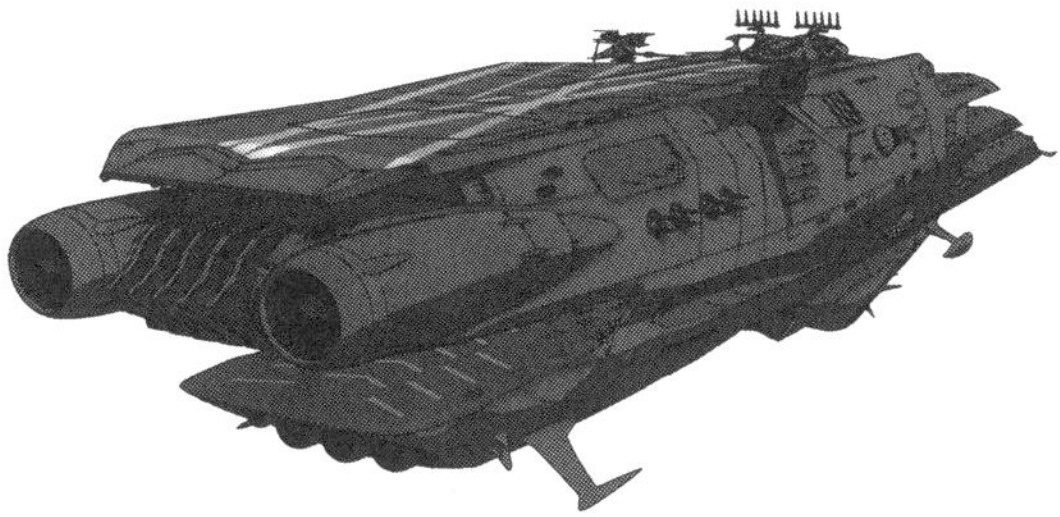

ガイペロン級多層式航宙母艦
バルグレイ
（宇宙戦艦ヤマト2199）

オリジナルシリーズの三段空母に相当する。多くの戦いで登場するガミラスの主力空母。七色星団の戦いでは初期型の「シュデルグ」、中期型「ランベア」、後期型「バルグレイ」が登場する。

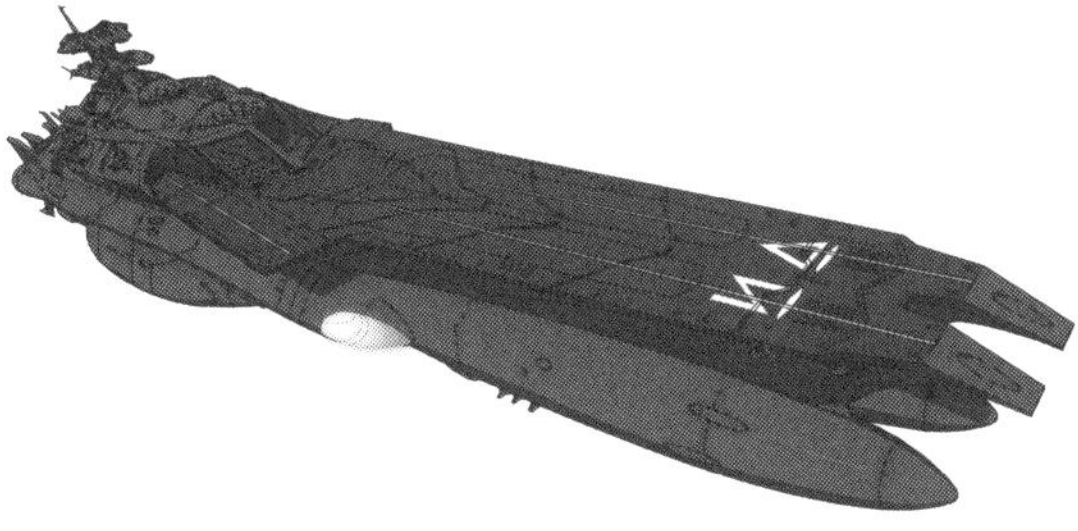

ゲルバデス級航宙戦闘母艦
ダロルド
（宇宙戦艦ヤマト2199）

オリジナルシリーズの戦闘空母に相当する。甲板が回転し、艦載機を発着艦させられる飛行甲板になったり、砲塔が現れる砲戦甲板にしたりすることができる。

『ヤマトよ永遠に REBEL3199 第二章 赤日の出撃』2024年11月22日(金)より上映開始。

2．ガンダムシリーズにおける戦争

（1）ガンダムシリーズの流れ

リアルロボットアニメの代名詞ともいえるガンダムシリーズだが、ここにも2つの流れがある。1つが第1作の『機動戦士ガンダム』から時系列的に連なる作品群で、作中の暦年が「宇宙世紀」として表されているので宇宙世紀シリーズと呼ばれる。もう1つが、宇宙世紀とは異なる歴史の流れで展開する物語で、「オルタナティブシリーズ」と呼ばれる。両者の共通点は、いずれもガンダムと呼ばれるモビルスーツが登場することである（ハロと呼ばれる小型のマスコットロボットも登場する）。また、どちらの流れでも舞台は地球周辺であり、宇宙戦艦ヤマトシリーズやマクロスシリーズのような超光速航行技術は存在していない。

このうち、宇宙世紀シリーズは、第1作の『機動戦士ガンダム』同様、人類が宇宙に居住圏を広げた後で、宇宙居住者が地球から独立して戦うというのが基本的なストーリーの構造である。一方、オルタナティブシリーズは、宇宙世紀シリーズと同様に地球居住者と宇宙居住者の対立を描いた『機動新世紀ガンダムX』や『機動戦士ガンダム SEED』があると思えば、リアルロボットアニメというよりヒーローロボットアニメ的性格を持つ『機動戦士ガンダム00』や『新機動戦記ガンダムW』もある。あるいは、少年少女たちが主人公となり活躍する『機動戦士ガンダム 鉄血のオルフェンズ』（２０１５年）や『機動戦士ガンダムＡＧＥ』（２０１１年）、『機動戦士ガンダム 水星の魔女』もある。なお、これらの作品はすべてはるかな未来を描いた『∀ガンダム』に至る時間軸上にあるともされている。

このように、第1作の『機動戦士ガンダム』からのストーリーの連続性を持たないこれらオルタナティブシリーズの主題は多岐にわたる。こうしてみると、「リアルロボットアニメ」とか「ヒーローロボットアニメ」とはまた別に、ＲＸ-78-2ガンダムに類似したデザインのロボットを主役メカとする「ガンダムアニメ」が「ロボットアニメ」の1つのサブカテゴリーを形成しているとさえ言うことができるだろう。

（２）宇宙世紀シリーズの戦争の構造：「戦う理由」と「戦いの方法」

次に、ガンダムシリーズにおける戦争の構造をあらためて見てみよう。ここでは、原則として宇宙世紀シリーズを対象としつつ、オルタナティブシリーズの中でも人気が高く作品数の多いガンダムSEEDシリーズを考察の対象としたい。

宇宙世紀シリーズの基本設定は、人類の人口が増えすぎ、地球の自然環境も悪化したため、宇宙空間にスペース・コロニーを建設して多くの人々が宇宙に定住するようになったことである。そして、宇宙空間に住む人々が増えるとともに、宇宙居住者（スペースノイド）の間に政治的独立を求める運動が拡大して地球居住者（アースノイド）との武力衝突に至るのが宇宙世紀シリーズの作品における戦争の構造である。『機動戦士ガンダム』とその前史にあたる『機動戦士ガンダム THE ORIGIN』ではジオン公国と地球連邦の戦いであり、『機動戦士Zガンダム』では地球連邦軍内部がスペースノイド独立支持派のエゥーゴと反対派のティターンズに分裂した戦いにジオン公国の残党のアクシズが絡む三つ巴の図式となる。『機動戦士ガンダムＦ91』はクロスボーン・バンガードというスペースノイドの武装組織がスペース・コロニーを占拠してコスモ・バビロニアという国を建国しようとする物語であり、『機動戦士Vガンダム』は、弱体化した地球連邦の統治の下で建国されたザンスカール帝国と武装組織リガ・ミリティアの戦いである。

なお、最初に独立戦争を挑んだジオン公国が毒ガスやスペース・コロニーを地上に落下させるなど残虐な作戦を行った軍事独裁政権だったことから、ジオン公国を率いたザビ家を巡っては複雑な関係が展開する。『機動戦士Zガンダム』から時系列的に連続した続編である『機動戦士ガンダムＺＺ』では、ジオン公国の残党であるアクシズがネオ・ジオンと改名し、ティターンズを倒したエゥーゴと戦う。エゥーゴもネオ・ジオンもスペースノイドの独立を支持しているので、両者の対立は必然的なものではない。しかし、ネオ・ジオンがザビ家の血を継ぐミネバ・ザビを指導者とし、ザビ家の独裁体制の再興を目指していたことから、エゥーゴはそれに反発して戦うことになる。

『機動戦士ガンダム 逆襲のシャア』では、スペースノイドの独立運動を思想的に支えたジオン・ズム・ダイクンの子であるシャア・アズナブルがネオ・ジオンの総帥となり、小惑星を地球に落下させて地球に残る人々の粛清を図る。このときは、ジオン残党を鎮圧するために地球連邦軍内で編成された独立戦闘部隊のロンド・ベルがネオ・ジオンと戦う。その3年後の物語である『機動戦士ガンダムＵＣ』でも、ネオ・ジオンの残存部隊とロンド・ベルなど地球連邦軍が戦う。

このロンド・ベルはエゥーゴの人員をベースに再編成された部隊でもあった。そのため、『機動戦士Ｚガンダム』ではエゥーゴのメンバーとしてシャアとともに戦ったブライトやアムロが、『機動戦士ガンダム 逆襲のシャア』ではシャアと敵対して戦っている。このあたりは、ストーリーの一貫性という意味でわかりにくい部分ではある。もしブライトやアムロがスペースノイドの自治権拡大を目指しているのであれば、目的を共有するネオ・ジオンとは協力できるはずだからだ。この点は、ザビ家の独裁体制の復活を目指す勢力がネオ・ジオンに残っていたり（『機動戦士ガンダムＺＺ』）、あるいは小惑星を地球に落とすという過激な方法論（『機動戦士ガンダム 逆襲のシャア』）に合意できなかったというようにとらえることはできる。そう考えていくと、『機動戦士ガンダム』で描かれた一年戦争において、ザビ家が独裁体制を確立した上で地球に独立戦争を仕掛けたことが、その後の展開に大きく影響しているといえる。

戦争の研究の中に「正戦論」という議論がある（※1）。これは、文字通り戦争の中に「正しい戦争」

があると考えるもので、「なぜ戦うか」と「どのように戦うか」の2つの尺度から戦争の「正しさ」が評価される。その点でいえば、スペースノイドが自治権拡大を求めるのは、「なぜ戦うか」という点では「正しい」と評価されうるであろう。しかし、毒ガスを使ってほかのスペース・コロニーの住民を虐殺し、そのコロニーを地球の大都市に落下させるような残虐な戦い方は「どのように戦うか」の点では「正しくない」と評価されるであろう。ジオン公国は、「なぜ戦うか」については十分に「正しさ」を主張できるものであったにもかかわらず、「どのように戦うか」の点で決定的な過ちを犯した。そのことが、宇宙世紀シリーズのその後において、スペースノイド独立支持派の分裂要因となり、結果としてスペースノイドの自治権拡大を妨げる大きな要因となっていくのである。

もう1つ指摘しておきたい論点は、地球連邦が「絶対民主制」であるとされていることである。宇宙世紀シリーズの対立構造は、宇宙に移民した人々の自治権の要求と、地球に残った人々の宇宙に対する統治の維持の欲求との間にあるが、地球連邦が民主政体である以上は、後者の欲求は民意によって支持されていることになる。地球連邦においてスペースノイドにどの程度選挙権が認められているか、あるいは地球連邦議会においてどの程度スペースノイドが議席を有しているのかは明らかではない。しかし、戦争を繰り返してまでスペースノイドの独立を拒否していることから、地球から宇宙を統治する構造は戦いに訴えてでも維持すべきというのが地球連邦政府のコンセンサスなのであろうし、それは当然民意からも支持されているのであろう。

そう考えると、宇宙世紀シリーズにおける戦争の原因はあらためて明確になる。それは、地球から宇宙を支配すべきか否かという問題を巡る政治的な対立であり、既存の政治システムでは前者に対する支持が大きいことである。だとすれば、ニュータイプへの「人の革新」によって平和がもたらされるというテーゼは成立しない。「人の革新」がなされても地球から宇宙を支配することに利益を見いだす勢力はあるだろうし、その結果として政治的対立は継続するだろうからだ。この意味で、『機動戦士ガンダム 閃光のハサウェイ』で、スペースノイドの側が戦争ではなく官僚や政治家を狙ったテロに訴えているのは、地球連邦の政策決定過程を変えていくことを狙ったものだと解釈できる。

もちろん、地球連邦でもすべての人が戦争を支持しているわけではないだろう。しかし、劇中では戦争を避けるべく少しでも自治権を拡大して利害の調整を図る政治家や官僚の姿はない。ただ、戦争を防ぐのは、ＳＦアニメの主人公になるような英雄的なエースパイロットではない。少しずつでも、世界を変えようと毎日努力を積み重ねていく平凡な政治家や官僚たちである。宇宙世紀においても、彼らがスペースノイドとアースノイドの利害調整を行うメカニズムを作り上げることができない限り、すべての人がニュータイプになろうとも戦争を終わらせることはできないだろう。戦争の原因は、すぐれて政治的な対立であって、個人が他人を理解できていないことによるものではないからである。

(3) 人種差別と戦争：ガンダムSEEDシリーズにおける「戦う理由」

戦争の原因を描き出す上で、『機動戦士ガンダムSEED』に始まるガンダムSEEDシリーズは興味深い問題提起をしている。ガンダムSEEDシリーズでは、宇宙に移住した人々が住むスペース・コロニー国家のプラントと、地球上の国家群が形成した地球連合との戦争が描かれている。ただし、宇宙世紀シリーズとは対立の構図が異なる。宇宙世紀シリーズでは、宇宙移民者と地球に残った人々の対立・抗争が描かれているのに対し、ガンダムSEEDシリーズの対立・抗争の原因は単に住む場所が違うからだけではないからである。プラントの人々の多くは、遺伝子を調整して身体的にも知能的にも高い能力を持つ人間となったコーディネーターと呼ばれる人々である。一方、地球連合の人々の多くは遺伝子を調整していないナチュラルと呼ばれる人々である。ガンダムSEEDシリーズでは、遺伝子調整を行って生まれたかどうかを巡って人種差別的な偏見が生まれ、戦争に至る。

現代の世界において人種差別を巡る問題は非常に根が深いが、実は国際政治学においてはほとんど研究されていない。たとえば、第2章で触れたウォルツの『人間・国家・戦争』には人種差別（racism）についての言及は一切ない。2023年に米国ワシントン大学のジョナサン・メーサーが日露戦争におけるロシアの人種差別的対日観が政策決定に与えた影響についての論文（※2）を著すなど、ようやく関心が向けられるようになったが、研究は非常に少ないのが現状である。その意味で、人種差別と戦争との関係に目を向けたガンダムSEEDシリーズの問題提起は非常に重い。

ガンダムSEEDシリーズでは、「青き清浄なる世界のために」というスローガンを掲げ、地球連合の政策決定に大きな影響力を持つブルーコスモスという団体を中心に、ナチュラルの間に人種差別的なコーディネーター排斥運動が生まれている。コーディネーターの側にも、『機動戦士ガンダムSEED』後半にプラント最高評議会議長となるパトリック・ザラを中心に、優生主義的なコーディネーター至上主義が存在している。

お互いが人種差別的意識を持つ陣営同士で戦われる『機動戦士ガンダムSEED』における戦争は、相手を完全に滅ぼそうとする絶滅戦争の色合いを呈していく。相手を劣ったものと見なす思想に基づいて戦うとすれば、利害を政治的に調整して共存の道を模索するよりも、完全に滅ぼすか支配すべきという考えに立ちやすくなる。物語の中でも、幾度か相手を滅ぼすまで戦争は続くという発言が見られる。

実際、物語の前史として、プラントのスペース・コロニー「ユニウスセブン」に対する地球連合からの核攻撃が行われている。そのため、パトリック・ザラのように、生き残るためにはナチュラルを滅ぼさなければならないという主張が一定の支持を得ている。第4章でも述べたが、物語終盤になり、地球連合が核攻撃を行い、プラントは巨砲兵器ジェネシスで対抗する。

このあたりは、第2章で触れた攻撃・防御理論が攻撃優位として予測している状況である。先に撃ったほうが決定的に優位に立てるため、先制攻撃をしようとする誘因が双方に働き、状況が急激にエスカレートする。特に、『機動戦士ガンダムSEED』のように、そうした攻撃優位の状況の根底に人種差別的意識があるとすれば、エスカレーションを抑制させる要因はほとんどない。核攻撃とジェネシスの応酬が行われた後、アンドリュー・バルトフェルトが「戦場で初めて人を撃ったとき、オレは震えたよ、だが、すぐに慣れると言われて、確かにすぐ慣れたな」と語る。ラミアス艦長が「あれ（注：ジェネシス）のボタンも、核のボタンも、同じだと？」と問いかけ、バルトフェルトは「違うか？人はすぐ慣れるんだ。戦い、殺し合いにも」と答える（第46話「怒りの日」）。『機動戦士ガンダムSEED』の終盤では、そうしたエスカレーションのダイナミクスが見事に描き出されている。

なお、劇中において、核攻撃とジェネシスの応酬は、第3勢力である主人公たちのアークエンジェル、エターナル、クサナギの3隻の戦闘艦から出撃したモビルスーツのジャスティス、フリーダム、ストライクルージュなどの攻撃で、核ミサイルとジェネシスの双方が破壊されたことで終わりを告げる。彼らが出撃するとき、第3勢力の指導者であるラクス・クラインは「平和を叫びながら、その手に銃を取る。それもまた、悪しき選択なのかもしれません。でもどうか、今、この果てない争いの連鎖を断ち切る力を」（第47話「悪夢は再び」）とつぶやく。「争いの連鎖を断ち切る」には争いから中立的な立場にいなければならない。ガンダムSEEDシリーズの世界観においては、それはコーディネーター至上主義にもナチュラル至上主義にも立たないということになる。このことが、劇場版『機動戦士ガンダムSEED FREEDOM』冒頭から登場する中立的な武装組織である「世界平和監視機構コンパス」の設立につながっていくとみられる。

なお、第2作の『機動戦士ガンダムSEED DESTINY』では、終盤にプラントのデュランダル議長からデスティニー・プランという構想が発表される。これは、一人ひとりの遺伝子を詳細に分析することで、それぞれに適合した社会的役割を割り当てようとするもので、そうすれば人間が過大な欲望を持つことがなくなり、戦争をなくすことができるとして打ち出された構想である。デスティニー・プランは「個人の自由と夢がない」という意味でディストピア的な社会につながるが、この時点で全人類的な人気があったデュランダル議長の政治力を背景とし、さらに反対する勢力には月面の巨大レーザー砲のレクイエムと2基目のジェネシスであるネオ・ジェネシスで攻撃することで実現を図ったものであった。

デスティニー・プランが政治的な対立の解消につながらないことは第3章で述べた通りだが、ガンダムSEEDシリーズの世界においては、遺伝子の解析によって社会的役割を決めるとすれば、遺伝子を調整されたコーディネーターのほうが優れた存在であると結論づけられる可能性がきわめて高い。つまり、デスティニー・プランによって、コーディネーターの支配が確立することになる。続編にあたる『機動戦士ガンダムSEED FREEDOM』では、デスティニー・プランの一環として、コーディネーターよりもさらに高度に遺伝子に手が加えられたアコードが支配階級との位置付けで登場するから、遺伝子の調整のレベルに応じた社会的な階層が生まれることになる。

ラクスは、このデスティニー・プランに抗することを決め、「夢を見る。未来を望む。それはすべての命に与えられた、生きていくための力です。何を得ようと、夢と未来を封じられてしまったら、私たちはすでに滅びたものとしてただ存在することしかできません。すべての命は、未来を得るために戦うものです。戦ってよいものです。だから私たちは、戦わねばなりません」（第48話「新世界へ」）と語る。これは、先に触れた『機動戦士ガンダムSEED』での「平和を叫びながら、その手に銃を取る。それもまた、悪しき選択なのかもしれません」よりも迷いのない言葉であり、戦う選択を強く支持している。劇中のこの言葉から解釈するならば、ラクスにはそれだけデスティニー・プランの持つディストピア性が受け入れられなかったということであろう。

また、明言はされていないが、コーディネーター至上主義にもナチュラル至上主義にも立たない立場を貫くならば、コーディネーターとナチュラルの差別を制度的に永続化してしまうデスティニー・プランに反対するのは必然的な選択となる。このように、人種差別的優越意識と戦いとのつながりを、ガンダムSEEDシリーズは描いている。

（4）兵器：ガンダムと量産機のハイローミックス？

人型機動兵器であるモビルスーツはガンダムシリーズにおける兵器の代名詞である。ガンダムシリーズのモビルスーツは実際の兵器開発と同じように型式番号が付され、また物語では直接語られないまでも開発史についてのビハインドストーリーも設定され、物語の「リアリティ」を支えている。たとえば『機動戦士ガンダム』の初期のジオン公国の主力モビルスーツはMS-06Fザクだが、出力を強化された上にヒート・ロッドを装備して格闘戦能力を強化したMS-07Bグフ、強力なエンジンを持ち地球上でもホバー移動できるMS-09ドム、ジオン公国として初めてビーム・ライフルを装備して一年戦争後半の主力機となるMS-14Aゲルググのように、着実な性能向上が描かれる。地球連邦も、RX-78-2ガンダムを簡略化したRGM-79ジムという量産機が登場するが、これもまた能力向上のために様々な改造が施されていく。そして言うまでもなく、ガンダムシリーズにおいては「ガンダム」という名を冠した機体が主役メカとなる。ただ、ガンダムの位置付けは宇宙世紀シリーズとオルタナティブシリーズとで違いが見られる。宇宙世紀シリーズにおけるガンダムは、量産機よりは性能がいいがそれ1機で戦局を変えられるようなゲームチェンジャーではない。

現実世界の軍では、性能はいいが高価な機体と、性能は標準的だが値段が安くて多数揃えられる機体を組み合わせることを「ハイローミックス」というが、一年戦争でのガンダムとジム、『機動戦士Zガンダム』でのガンダムMk-IIないしZガンダムとネモの関係のように、宇宙世紀シリーズにおいてはガンダム系とジム系のモビルスーツを組み合わせた「ハイローミックス」的な戦力整備の思想を見てとることができる。

一方、オルタナティブシリーズの中でガンダムにヒーローロボット的な位置付けを与えている作品には、量産機のサポートなしに圧倒的な戦闘力を発揮するものがある。『新機動戦記ガンダムW』ではウイングガンダム、ガンダムデスサイズ、ガンダムヘビーアームズ、ガンダムサンドロック、シェンロンガンダムの5機が登場するが、いずれも非常に強力な「ガンダニュウム合金」によって作られているという設定もあり、ただ1機でも多数機と戦える強大な戦闘力を有している。『機動戦士ガンダム00』でも、GNドライヴという強力な動力源を有するガンダムエクシア、ガンダムデュナメス、ガンダムキュリオス、ガンダムヴァーチェ、ダブルオーガンダムが登場し、量産機のサポートなしに任務を遂行する。

ガンダムSEEDシリーズでは、多種類のガンダムが登場し、第1作の『機動戦士ガンダムSEED』と第2作の『機動戦士ガンダムSEED DESTINY』では、交戦する両陣営がそれぞれにガンダムを保有している。『機動戦士ガンダムSEED』ではストライク、イージス、バスター、デュエル、ブリッツに加えて、カラミティ、フォビドゥン、レイダー、フリーダム、ジャスティス、プロヴィデンスを合わせた計11機のガンダムが登場する。『機動戦士ガンダムSEED DESTINY』でも、アビス、カオス、ガイア、セ

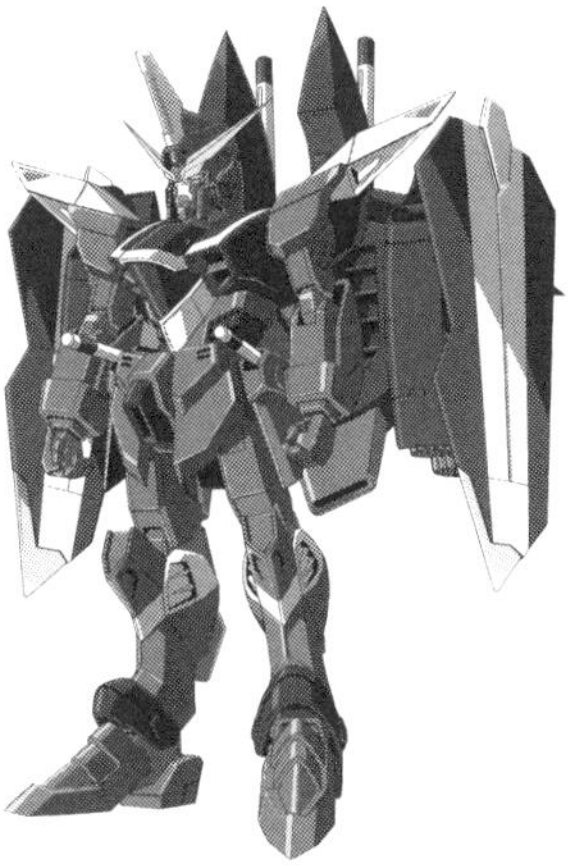

ZGMF-X09A
ジャスティスガンダム

ZGMF-X10A
フリーダムガンダム

『機動戦士ガンダムSEED』後半に登場。ニュートロンジャマーキャンセラーを積んだため核動力で行動できる。ジャスティスはアスラン、フリーダムはキラが搭乗。

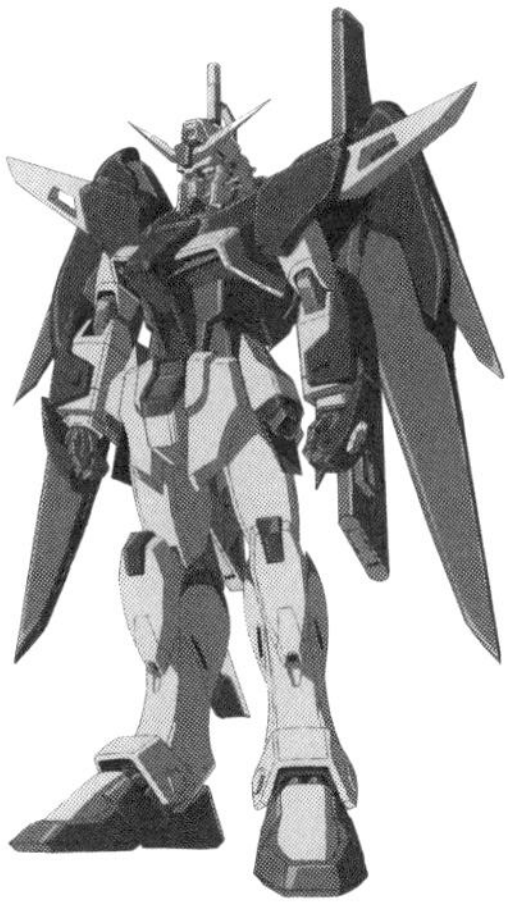

ZGMF-X42S
デスティニーガンダム

ZGMF-X56S
インパルスガンダム

『機動戦士ガンダムSEED DESTINY』に登場。インパルスはシリーズ前半はシン・アスカ、後半はルナマリア・ホークが搭乗。シンは後半はデスティニーに搭乗。

イバー、インパルス、デストロイ、デスティニー、レジェンド、インフィニットジャスティス、ストライクフリーダムの計10機のガンダムが登場する（アカツキを含めれば11機）。ほかに量産機も多数登場するが、これらのガンダムはガンダム以外の量産機によって撃破されることはまずない。高い戦闘力を持つこれら多数のガンダムが乱舞するのがガンダムSEEDシリーズの特徴といえる。

（5）ミノフスキー粒子の戦略的影響

宇宙世紀シリーズにおいては、やはりミノフスキー粒子が戦いの様相を定める上で大きな役割を果たす。ミノフスキー粒子環境で電波が伝わらないからこそ、格闘戦ができるモビルスーツが必要になる。またミサイルが使えなくなった時代に遠距離で交戦する方法は、第4章で触れたようにニュータイプがサイコミュシステムを使うしかないため、「人の革新」というよりもむしろ戦場におけるニュータイプの価値の高さが描かれていく。ただしサイコミュシステムは、『機動戦士ガンダムF91』以降、影を潜めていく。後付け的だが、『機動戦士ガンダムUC』でNT-D（ニュータイプデストロイヤー）システムが登場し、サイコミュのハッキングが可能になったという設定が登場したことで使われなくなったと考えられる。

モビルスーツの存在理由を作り出すだけでなく、戦争全体の流れを作り出す上でミノフスキー粒子の効果をうまく利用したのが『機動戦士Zガンダム』である。『機動戦士ガンダム0083 STARDUST MEMORY』で描かれたジオン公国残存兵力の反乱を経てスペースノイドの反連邦政府運動を弾圧するために作られた組織であるティターンズと、それに対抗して地球連邦軍内に結成されたエゥーゴという反連邦武装組織の戦いが描かれている。エゥーゴはティターンズに比べて戦力的に劣勢にあり、初期においてはアーガマを含めた少数の艦艇で破壊工作や通商破壊戦を行うしかない。もちろんティターンズはアーガマを捕捉・撃破しようとするが、ミノフスキー粒子が散布されてレーダーが使えない環境において、当時の人類の主要な活動圏である地球と月の間の広大な宙域で敵を探知して攻撃するのは非常に難しい。そしてエゥーゴは、ティターンズの先手を打って艦艇を集結させて地球連邦軍の地球における根拠地であるジャブローを攻撃する。地球連邦軍はこれを察知していてジャブローから部隊を撤退させていたが、物語の前半における主導権はエゥーゴが握っていた。

これに対しティターンズは、毒ガスでエゥーゴ派のスペース・コロニーを攻撃したり、スペース・コロニーの残骸を月のエゥーゴ派の都市に落下させることで、エゥーゴを誘い出そうとする。スペースノイドの自治を支持する民間人を攻撃目標とされてしまっては、エゥーゴはそれを阻止するための行動をとらざるを得ない。そのため、物語前半に享受していた、ミノフスキー粒子を利用してゲリラ的な作戦を展開するようなことができなくなり、ティターンズのもくろみ通りの戦闘に引き出され、劣勢を余儀なくされる。

これを転換したのが、シャアが地球に降下した機会を利用して実行したダカール作戦である。このとき、シャアはエゥーゴと行動を共にしていたが、ダカールで開会中の地球連邦議会に奇襲攻撃をかけて議場を占拠し、シャアがジオン・ズム・ダイクンの子であるという自らの出自を明かしつつ、ティターンズの暴虐と、人類が宇宙に進出していくべきことを議員たちに説く。これによってエゥーゴに対する政治的支持が広がり、エゥーゴは全体的な情勢を逆転させることに成功する。劣勢に立たされたティターンズはコロニー・レーザーで対抗し、第4章で触れたように最終局面ではコロニー・レーザーの争奪を巡って戦闘が展開される。そうなるとコロニー・レーザー周辺に戦力を集結させなければならないから、ティターンズとエゥーゴとの間での決戦となる。最終的にはコロニー・レーザーはエゥーゴが確保し、ティターンズ艦隊を壊滅させる。『機動戦士Zガンダム』ではこの一連の戦争の流れにおいて、ミノフスキー粒子の影響による敵の捕捉の困難さと、ミノフスキー粒子の影響下でも敵を誘い出すための戦略的な駆け引きが非常にうまく描写されている。

※1　マイケル・ウォルツァー（萩原能久監訳）『正しい戦争と不正な戦争』（風行社、2008年）。
※2　Jonathan Mercer, *"Racism,Stereotypes, and War," International Security, Vol.48, no.2* (Fall 2023), pp.7-48.

3．マクロスシリーズにおける戦争

(1) マクロスシリーズの流れ

マクロスシリーズは『超時空要塞マクロス』から始まるシリーズだが、基本的には1つの流れにある。ただし、テレビ版『超時空要塞マクロス』と劇場版『超時空要塞マクロス 愛・おぼえていますか』、テレビ版『マクロスF』と劇場版『劇場版 マクロスF 虚空歌姫 ～イツワリノウタヒメ～』（２００９年）、『劇場版 マクロスF 恋離飛翼 ～サヨナラノツバサ』（２０１１年）が、いずれも同時期の物語のはずなのにまったく違うストーリーであるために、1つの継続する歴史としては把握できなくなっている。

ただし共通する世界観がある。それははるか昔にプロトカルチャーという人型知的生命体が銀河系に存在していたこと、彼らが内部分裂して戦争を始めたとき、戦闘用の巨人兵士をクローン人間として作り出したこと、彼らは戦うことだけを教えられ、兵器を作り出すことはできないし文化や娯楽も持たないこと、戦闘が激しくなる中でプロトカルチャーは滅んでしまったが、巨人兵士はゼントラーディ軍と監察軍に分かれて戦い続けていること、プロトカルチャーは遺伝子操作によっていくつかの星系に自分たちと同じ形態をした人型知的生命体を作り出し、地球人類もその1つであることである。

物語は、ゼントラーディ軍の艦隊に追われた監察軍の艦が地球に落下したところから始まる。地球人類はその艦を調査し、宇宙で大戦争が繰り広げられていることを知る。そして、人類が生き残るためには統一国家を作り出す必要があると考えた国々と、それに反対する国々とで統合戦争が戦われる（『マクロスゼロ』）。落下した艦の改装が完了し、「マクロス」と名付けられて迎えた進宙式の日に、ゼントラーディ艦隊が地球を襲撃してきたところから、『超時空要塞マクロス』が始まる。

マクロスシリーズのストーリーに共通するのは、戦闘機・歌・三角関係の3つの要素が組み込まれていることである。機種は作品によって異なるが、主役メカは人型にも変形できる可変戦闘機であり、激しい動きを伴う空戦シーンはどの作品にも見られる。そして、リン・ミンメイ（『超時空要塞マクロス』）、熱気バサラ（『マクロス7』）、シェリル・ノームとランカ・リー（『マクロスＦ』）、戦術音楽ユニット「ワルキューレ」（『マクロスΔ』）が歌う歌は物語の重要なカギとなる。

ゼントラーディ兵士は戦闘用に作られたが故に文化や娯楽を知らないが、地球の歌を聴くことで、「戦うこと」以外に興味を持ち始め、地球人類との戦いをやめようとする兵士も出てくる。そして多くの場合、主人公と歌い手との間に恋愛感情が生まれ、登場人物間で三角関係が展開する。また、ガンダムシリーズとの対比の上での特徴は、マクロスシリーズは「巻き込まれた少年が大人になっていく」物語ではないことである。主人公の年齢はもう少し高く、成長物語というよりも、戦闘機・歌・三角関係を組み込んだエンターテインメントとして物語が進行していく。

（2）戦いと「歌」

マクロスシリーズでは、シリーズが進んでいくにつれて戦いの構造が変わってきている。最初の『超時空要塞マクロス』では、ゼントラーディ軍が地球を襲撃してくる。彼らは何らかの政治的目的を持って戦っているのではなく、そもそも戦うことしか知らないクローン兵士であり、監察軍と長い間ただ戦い続けている。そのため、地球人類としては戦争を避ける方法はなく、戦いは選択の余地なく「災い」として降りかかってくる。彼らは物量において圧倒的であり、独立した戦闘単位である基幹艦隊は５００万隻もの艦艇で構成されている。『超時空要塞マクロス』『超時空要塞マクロス 愛・おぼえていますか』では、地球は壊滅状態に陥ったものの、歌の力によってマクロスは一部のゼントラーディ兵士と協力して生き残ることができた。しかし、ゼントラーディ軍や監察軍と正面から戦っても地球人類には勝ち目はないことから、少しでも地球人類の生存の可能性を高めるために、地球側に付いたゼントラーディ軍の一部と新統合政府および新統合軍を設立した上で銀河系全体に移民船団を送り出すようになっている。

戦いの構造が変わってくるのは、50年後を描いた『マクロスF』である。このときはバジュラという謎の生命体と人類が接触し、交戦状態にある。バジュラはフォールド波による超光速通信で結びつけられたネットワーク生物であり、またフォールドクォーツという特殊な鉱物を産生する。マクロスシリーズでは超光速航行のことをフォールド航法と呼ぶが、フォールドクォーツを使えばフォールド航法の能力が高まったり、あるいは戦闘機の性能を高めたり、ディメンジョン・イーターという一定範囲の空間そのものを異次元に転送する特殊な爆弾を作り出すことができる。そのため、バジュラとの戦いに並行して人類同士でバジュラの利権を巡る対立が起こり、主人公たちが乗っているフロンティア船団と、ギャラクシー船団との間で戦闘さえ行われる。

続く『マクロスΔ』では、お互いにプロトカルチャーの末裔である地球人類とウィンダミア星の戦いが描かれる。地球人類に反感を持つウィンダミア星だったが、地球の一部からの軍事援助を受けて軍事力を強化し、プロトカルチャーの遺跡と歌の力を組み合わせてブリージンガル球状星団を地球の新統合政府の支配から独立させようとする。さらに『マクロスΔ 絶対LIVE!!!!!!』（２０２１年）では、新統合政府とウィンダミア星は和解したものの、プロトカルチャーの技術が秘密にされていることに不満を持つ武装勢力「ヘイムダル」が出現し、地球統合軍内部で反乱さえ起こっていく。

このように、もともとはゼントラーディ軍の出現により、地球人類の意思とは関わりなく戦争に巻き込まれる物語だったものが、シリーズが進むにつれて地球人類同士や、同じくプロトカルチャーの末裔のほかの人型知的生命体との戦争が行われるようになっており、戦争の形態が大きく変わってきている。その一方で、ほかにも数多く存在しているはずのゼントラーディ軍や監察軍の基幹艦隊と移民船団の遭遇は描かれていない。

マクロスシリーズの戦いの大きな特徴は、「歌」が重要な役割を果たすことである。ゼントラーディ軍の兵士たちは、戦闘のためだけに作られたクローン兵士であり、プロトカルチャーが施したマインドコントロールのため女性兵士と男性兵士の接触はタブーとされているし、破壊された兵器を修復することも新たな兵器を開発することもできない。彼らの兵器は、プロトカルチャーの遺産である自動工場衛星で製造され、前線部隊に供給される。第4章で触れた核兵器（反応兵器）も、自動工場衛星が破壊されたために彼らは手にすることができなくなっていた。

第1作の『超時空要塞マクロス』では、ゼントラーディ軍第118基幹艦隊（ボドル基幹艦隊）の一部隊であるブリタイ艦隊が地球を襲撃する。進宙式を終えたばかりのマクロスは、フォールド航法で月軌道付近に移動することで攻撃を回避しようとするが、フォールドシステムが正常に機能せず冥王星軌道付近まで飛ばされてしまう。ブリタイ艦隊は、地球人類が彼らにとっては失われた修復技術や反応兵器を有していることから、圧倒的な戦力差があるにもかかわらず慎重にマクロスを追撃し、マクロス艦内にスパイまで送り込む。そこで、男性と女性がともに暮らしていることを知ったり、歌などの娯楽文化に触れたりすることで、ブリタイ艦隊の一部の兵士たちが戦意を失い、マクロスへの攻撃命令に反発して反乱まで起こしてしまう。

これに対し、ボドル基幹艦隊のボドルザー司令長官は、ブリタイ艦隊および支援にあたっていた女性兵士から構成されているラプラミズ艦隊の粛清を決意するが、ブリタイ艦隊はマクロスと同盟を結び、ラプラミズ艦隊と共同してボドル基幹艦隊と戦おうとする。その決戦のさなか、マクロスからリン・ミンメイの歌が放送され、戦意を喪失したボドル基幹艦隊をなんとか撃破して地球人類は生き延びるのである。

劇場版の『超時空要塞マクロス 愛・おぼえていますか』では、ボドル基幹艦隊との最終決戦の局面で、何億年も昔のプロトカルチャーの街で流行していた歌を復元してリン・ミンメイが歌い、巨人兵士たちが戦意を失い、「文化を取り戻す」ためにマクロスと協力してボドルザーを倒し（劇場版ではゼントラーディ軍と監察軍ではなく、男性だけのゼントラーディ軍と女性だけのメルトランディ軍が戦っているという設定になっている）、戦争を終わらせてしまう。このように、マクロスでは、敵を武器で打倒するのではなく、ポップカルチャーである歌で戦いを終わらせるという独特の展開が見られる。特に『超時空要塞マクロス 愛・おぼえていますか』で巨人兵士たちの心を揺さぶった歌が、何か特別な設定が込められた歌ではなく、プロトカルチャーの街での「ただの流行歌」であったことが象徴的とさえいえる。

その後の作品でも歌が大きな役割を果たす。『マクロスプラス』でのシャロン・アップルは歌によってマインドコントロールを行うし、『マクロス7』では、ミンメイのように歌で戦争を終わらせることを目指す熱気バサラが、戦場のど真ん中に戦闘機で乗り込んだ上で、戦うのではなく歌う。『マクロスF』では、生体フォールド波を発することのできるランカ・リーとシェリル・ノームの歌がバジュラとのコミュニケーションのカギとなっていく。

歌について新たな見方が示されていくのが『マクロスΔ』である。『マクロスΔ』では、ヴァールシンドロームという、人間（地球人類だけでなくゼントラーディ人も含む）が突然狂乱状態になって暴れ出す病気が流行している。それは歌によって抑えることもできるため、戦術音楽ユニット「ワルキューレ」が結成され、ヴァール化した人々を沈静させるためのライブ活動を行っている。一方、新統合政府に反旗を翻したウィンダミア王国は、ハインツ王子の「風の歌」によってヴァールシンドロームをコントロールすることができた。このように、これまでのマクロスの歴史の中で、歌が人間の心に大きな影響を与えてきたことと、歌がさらに戦局に大きな影響力を持つようになってきたことを受けて、実はプロトカルチャーが人型知的生命体が歌で影響を受けるよう遺伝子をあらかじめ仕組んでいたのであって、歌それ自体がある種の兵器なのではないかという仮説が示される（第19話「Eternal Songs」）。この点については未だに答えは示されておらず、今後の展開が期待されるところである。

（3）人類のネットワーク化による平和？：ニュータイプとの対比

マクロスシリーズでは、歌が物語の大きなカギとなる。『超時空要塞マクロス 愛・おぼえていますか』と『マクロス7』では、歌によって戦争が終わるが、『マクロスF』と『マクロスΔ』では、戦争をなくすまったく別の方法論が示される。

『マクロスF』では、地球人類の敵としてバジュラという昆虫状の宇宙生物が現れる。バジュラは単体で地球人類の機動兵器や戦闘艦と互角以上に渡り合える戦闘力を持つばかりか、超光速航行さえ可能な謎の生物である。捕獲したバジュラを分析したところ、脳が存在しないことが判明し、謎が深まっていく。物語終盤で、彼らは超光速のフォールド通信によって結びつけられているが、それぞれ単体のバジュラはシナプスとして全体のネットワークを結びつけているだけであることがわかる。つまりバジュラには個性がなく、ネットワークで結びついた群生全体で1つの生命体を構成するネットワーク生物なのである。

そのバジュラの生態を分析していた科学者のグレイス・オコナーは、フォールドクォーツとインプラント技術を組み合わせることで人間をネットワーク生物化させる構想を抱く。フォールドクォーツは、超光速のフォールド通信を可能とする特殊な鉱物で、インプラント技術は、体内に直接ネットワーク接続の端末を埋め込むものである。フォールドクォーツをコアとする通信端末をインプラント化して脳と接続することで、バジュラと同様に人間をネットワーク化し、銀河の端と端でもタイムラグが起こらない、人間を接続した銀河規模の超並列思考ネットワークを構築することが可能となる（第24話「ラスト・フロンティア」）。

グレイスはこれによって、「人類進化の究極な姿」が実現し人類がプロトカルチャーを超えることができると考えた。しかし、全体が並列的に接続されると、バジュラ同様に人類のそれぞれの個体の個性は消滅する。そのため、人類からの支持を得られる可能性は低いが、グレイスはバジュラの通信プロトコルを解析し、バジュラを自らのコントロール下に置く。そうすることで、ネットワーク化を拒む勢力に対してはバジュラで攻撃し、自らの要求を受け入れさせようとした。個性を消滅させることで個人が抱く欲望をも消滅させれば、第1イメージに基づく戦争の原因はなくなる。そして、バジュラの力による支配ということになれば、第3イメージにおいてもアナーキーではなくハイアラーキーな階層的秩序ということになるから、やはり戦争の理由はなくなることになる。

しかし、これは人間一人ひとりの個性を消滅させることでもあった。民間軍事会社のS.M.S.は、それは受け入れられないと考えて戦いを続ける。そしてランカとシェリルの歌に支えられ、ランカの兄であるブレラ・スターンと主人公の早乙女アルトがグレイスを倒して物語は終わる。

人類のネットワーク化というテーマは『マクロスΔ』でも登場する。『マクロスΔ』では、ウィンダミア王国が新統合政府に宣戦を布告し、ブリージンガル球状星団を地球人類の手から切り離そうとする。ブリージンガル球状星団は、50万年前、プロトカルチャーが最後に生き残っていた星域とみられ、主要惑星にはプロトカルチャーの遺跡が残されている。その遺跡の中でも、惑星ラグナに出現した「星の神殿」は「星の歌い手」の歌を全銀河系に広げることができる。

「星の歌い手」とはウィンダミアに伝わる伝説で、地球人類はその7年前にウィンダミアの地下神殿で細胞片を入手し、それを元にクローン人間を作り出し「星の歌い手」を再生していた。「ワルキューレ」のメインボーカルの美雲・ギンヌメールである。ウィンダミア側は美雲の身柄を手に入れ、「星の神殿」で歌わせようとする。「星の歌い手」が「星の神殿」で歌うと、強力なフォールド波が全銀河系に広がり、人間の脳波が同調して巨大なネットワークを形成する（第25話「星の歌い手」）。そうなると、それぞれの人間の個性が消滅し、ネットワークの中で並列化される。それどころか、ネットワークに組み込まれた人間は流れ込む膨大な情報に耐えきれず、自我を崩壊させる危険性もあるとされる。このネットワークはプロトカルチャーが支配する予定だったと想定されるが、プロトカルチャーが滅びたこの時代では、「星の歌い手」を支配できるのはウィンダミアの王族だけとなっていた。つまり、ウィンダミアは新統合政府からの独立にとどまらず、銀河系を支配することも可能だということになる。ただしこのときも、個性があるからこそ他人を愛せるとして、ワルキューレや主人公のハヤテ・インメルマンらのデルタ小隊のみならず、デルタ小隊と戦い続けてきたウィンダミアの空中騎士団も加わって、美雲を支配したロイド・ブレームを倒し、ネットワークを停止させる。

『マクロスF』『マクロスΔ』とも、人類の個性を消滅させる並列ネットワークをテーマとしている。このようにネットワーク化されると、個々の人間が欲望を持ったり、敵対したりすることがなくなる。そう考えると、この並列ネットワークはガンダムシリーズのニュータイプの究極の姿とさえいえる。ニュータイプは、他者を誤解なく理解し合える人々と定義されており、マクロスで示された並列ネットワーク化された人類の中では、定義上他者への誤解は存在しなくなるからである。

ニュータイプと並列ネットワーク化は、いずれも「人の意思の接続」だが、ガンダムシリーズではニュータイプは「人の革新」と見なされる一方で、マクロスシリーズではディストピア的未来としての並列ネットワーク化が示される。もちろん、ニュータイプは人それぞれの個性を消滅させて並列化するものではない。しかし、「人の意思の接続」が示す未来のトーンが対照的であることは指摘しておく価値があるように思われる。

なお、『機動戦士Vガンダム』で登場する巨大サイコミュ・システム「エンジェル・ハイロゥ」は、「星の神殿」同様に人類すべてを眠らせ、幼児化させることができる。その意味で、ニュータイプ論の先にもマクロスの並列ネットワーク化と類似のディストピア性が秘められていることがすでに物語に組み込まれていることもまた指摘できよう。

（4）マクロスシリーズにおける兵器発達史

マクロスシリーズで欠かせないのが、主役メカである可変戦闘機である。第4章の人型機動兵器の項で触れたように、マクロスシリーズでは敵の巨人兵士に対抗するために人型機動兵器が使用されている。陸戦兵器として開発されたのがデストロイドであり、空戦・宇宙戦が可能で戦闘機としての能力も持つ可変機動兵器がバルキリーである。もともとバルキリーは、最初の可変戦闘機（ヴァリアブル・ファイター）であるVF-1という機種の愛称だが、可変戦闘機全体を指す代名詞としても使われる。

マクロスシリーズのユニークな点は、シリーズが進むにつれてバルキリーの開発史も展開していくことである。まず、『超時空要塞マクロス』でも、VF-1バルキリーは本来空戦兵器であるために陸戦兵器としては装甲が脆弱でバトロイド形態での耐久性に問題があったことから、装甲とミサイルランチャーを増設したアーマードバルキリーが投入される。さらに、大気圏外の戦闘用に推進剤のタンクや大型ブースターを備えたFASTパックとミサイルランチャーを備え、変形もできるスーパーバルキリーも登場し、物語中盤以降の主力装備となっていく。

もともと、マクロスシリーズにおける地球人類の敵はゼントラーディ軍という巨人兵である。彼らはプロトカルチャーに能力を制限されて作り出されたクローン兵士であり、独自に兵器を開発する能力を持たない。『超時空要塞マクロス』で描かれた第1次星間戦争で、VF-1バルキリーが、ゼントラーディ軍の機動兵器リガード、クァドラン・ローに対して性能的に十分優位に立てることが明らかになった以上、地球人類にとっては新機種の開発は必ずしも必要ない。そのままＶＦ-１バルキリーを使用し続けても十分に戦えるはずだからである。しかし、技術の発達に伴い主力戦闘機はＶＦ-４ライトニングⅢ、ＶＦ-11サンダーボルトと更新され、『マクロスプラス』では、さらなる新型バルキリーの競争開発のための「スーパー・ノヴァ計画」がテーマとなっている。計画内では前進翼のＹＦ-19と脳波でコントロール操縦できるＹＦ-21が候補機となっており、いずれもアクティブステルス機能、格闘戦時に用いるピンポイントバリアーシステム、単独でのフォールド航行機能を持つ。

この要求性能は、ゼントラーディ軍の基幹艦隊に対抗する作戦構想を反映したものとされている。ゼントラーディ軍では、基幹艦隊ごとに司令官が座乗する機動要塞があるが、その機動要塞が破壊されれば、残存艦艇は戦闘を停止し、最も近い別の機動要塞の基幹艦隊まで移動する。『超時空要塞マクロス』では、それを利用してマクロスが反応兵器の集中攻撃を行ってボドルザーの機動要塞を撃破する（第27話「愛は流れる」）。「スーパー・ノヴァ計画」の新型機は、発見された機動要塞までフォールド航行で接近し、アクティブステルス機能で探知を逃れながら中枢に迫り、反応兵器の集中攻撃で撃破するという作戦構想を実現することが求められたのである。

第5章で触れたように、一時は「スーパー・ノヴァ計画」の両機ではなく、並行して進められていたゴーストX-9の採用が決まる。しかしAIが反乱を起こしたことからゴーストX-9の採用は凍結され、その後の無人機の開発も遅れることになる。

『マクロス7』では、YF-19が主力戦闘機として採用されたとされ、制式採用機のVF-19 エクスカリバーが登場する。主役メカは主人公の熱気バサラが戦場で歌うために使うVF-19改 ファイヤーバルキリーである。また、YF-21も一部のエリートパイロット用にVF-22S シュトゥルムボーゲルIIとして制式採用されている。なお、ほかにステルス形状を持つVF-17 ナイトメアも登場する。

これらの戦闘機は、核融合技術を用いたエンジンを搭載しているが、『マクロスF』では、エンジン出力が大幅に強化されたステージII熱核タービンエンジンを搭載するようになり、ビーム兵器やエネルギー転換装甲が強化されたVF-25 メサイアが登場する。これは当時の主力戦闘機であったVF-171ナイトメアプラス（VF-17 ナイトメアの性能向上型）の後継機として開発されていたものが民間軍事会社のS.M.S.で試験運用されているものである。

パイロットの耐えられるGには上限があることが無人機と比べての有人機のハンディキャップだが、VF-25メサイアでは対Gスーツと操縦系統を一体化したEXギアシステムや、フォールドクォーツを用いて慣性負荷を一時的に異次元空間に待機させる慣性蓄積コンバータ（ISC）を装備することで、無人戦闘機に匹敵する機動性を獲得している。実際、フロンティア船団とギャラクシー船団の戦闘において、ギャラクシー船団が投入した無人戦闘機ゴーストV-9に対して、VF-25メサイアは互角以上の戦いを見せるのである（第25話「アナタノオト」）。なお、その戦いでフロンティア船団側は、シャロン・アップル事件以来「ユダ・システム」の名で封印されていたゴーストX-9のAI制御プログラムの封印を解除して実戦に投入している。またギャラクシー船団は、G対策としてパイロットをサイボーグ化したVF-27ルシファーを投入した。

『マクロスΔ』では、戦術音楽ユニット「ワルキューレ」の護衛にあたるデルタ小隊の機体として前進翼のVF-31ジークフリードが登場する。なお、前進翼でない機体も存在し、それはVF-31Aカイロスとして新統合軍の主力機として採用されている。

また、ウィンダミア王国側にもSv-262ドラケンという可変戦闘機が登場する。これは地球人類のメーカーが製作したものだが、VF-1バルキリーから発達してきた上記の機体群とは系譜が異なる。マクロスの原型となった巨人族の艦艇が宇宙から落下してきた後、地球では統合政府の樹立を巡って統合戦争が勃発する。VF-1バルキリーの原型機はそのときに統合軍側が使用したVF-0フェニックスだが、反統合軍側も、可変戦闘機Sv-51を運用していた。ウィンダミアのSv-262ドラケンは、このSv-51の系譜にある機体であり、反統合軍側の技術が、新統合軍に対して使われたことになる。

Sv-262ドラケンⅢは、両翼端に小型ドローンのリル・ドラケンを装備することができる。これはブースターとしても機能するし、空戦の援護機能もある。デルタ小隊のメッサー・イーレフェルトとウィンダミア空中騎士団のキース・エアロ・ウィンダミアの1対1のドッグファイトにおいては、最終的にはリル・ドラケンが囮になったことでキースが勝利する（第10話「閃光のＡＸＩＡ」）。有人機と無人機を1つの機体に組み合わせて運用する思想はＶＦ-25メサイアにもＶＦ-31ジークフリードにもなく、この点で新統合軍の主力機より一歩進んだ機体であるといえる。

なお、劇場版の『マクロスΔ絶対LIVE!!!!!!』には、『超時空要塞マクロス』でバルキリーパイロット、『マクロス7』で船団護衛艦隊司令官を務めたマックスが登場するが、彼は『劇場版マクロスF　サヨナラノツバサ』の終盤に実戦投入されたＹＦ-29デュランダルに搭乗する。これはエンジンを4基積み、大型のフォールドクォーツを用いたＩＳＣを搭載した非常に機動性の高い前進翼の機体で、かつて「天才パイロット」と呼ばれたマックスの空戦技量が遺憾なく発揮される。

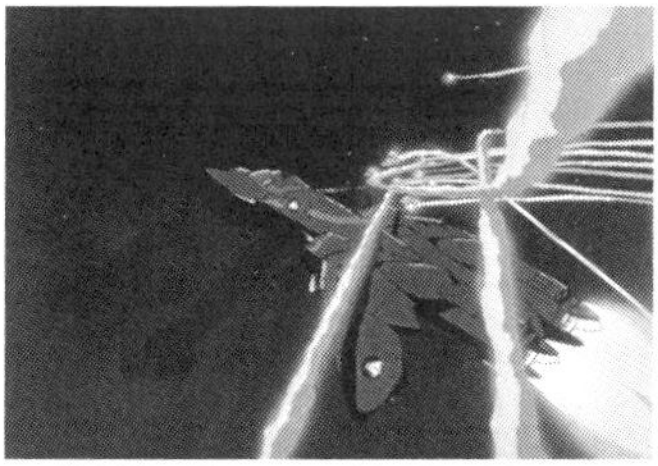

YF-21
（マクロスプラス MOVIE EDITION）

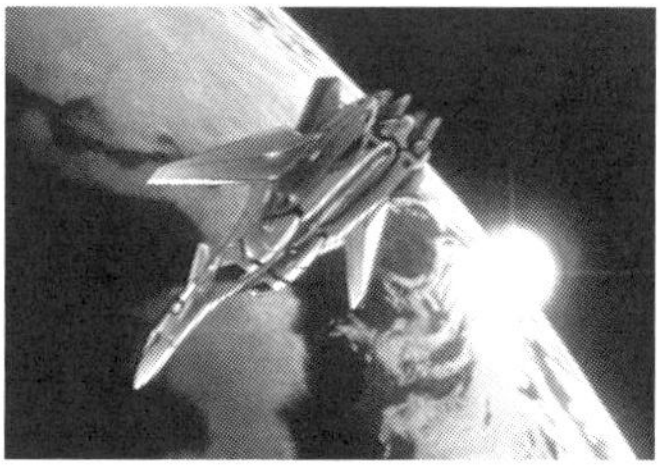

YF-19
（マクロスプラス MOVIE EDITION）

VF-25 メサイア
（劇場版マクロス F ～イツワリノウタヒメ～）

VF-31 ジークフリード
（マクロスΔ）

Sv-262 ドラケンⅢ
（マクロスΔ）

Sv-51
（マクロスゼロ）

マクロスを彩る可変戦闘機。『マクロスプラス』は次期戦闘機の競争試作という異色のテーマに加え、人工知能にも切り込んだ（上段）。フォールドクォーツを使って機動性を高めた VF-25 と VF-31（中段）。下段は反統合軍の系譜にある Sv-51 と Sv-262。Sv-262 は翼端に装着している無人機のリル・ドラケンを切り離す瞬間。

COLUMN

SFアニメとアニソン

SFアニメの魅力のひとつに、アニメソング（アニソン）がある。オープニングとエンディングはもちろんのこと、最近ではクライマックスでも場面にフィットした楽曲が流れることが多い。

昔のヒーローロボットアニメでは、サビで主役メカの名前を叫ぶような歌が多かった。リアルロボットアニメでも初期はこの傾向は続く。たとえば、『機動戦士ガンダム』のオープニング「翔べ！ ガンダム」の冒頭の歌詞は「もえあがーれ、もえあがーれ、もえあがーれ、ガンダム」である。『超時空要塞マクロス』のオープニングでも「マクロス」の名が連呼される。

広く知られている通り、SFアニメでポップス調の曲が初めて使われたのは鮎川麻弥の「風のノー・リプライ」（『重戦機エルガイム』）である。それに、やはり彼女の「Z・刻をこえて」（『機動戦士Zガンダム』）が続く。

アニソンがポピュラーになっていく上ではマクロスシリーズが大きな役割を果たした。『超時空要塞マクロス』の第27話「愛は流れる」では、決戦場をライブ会場としたかのように5曲ものリン・ミンメイの歌が流れる。『マクロス7』の主役の熱気バサラはロックバンド「ファイアーボンバー」のボーカルだし、『マクロスF』ではシェリルとランカのライブの演出に多大なエネルギーが投じられた。そして『マクロスΔ』の中心は戦術音楽ユニット「ワルキューレ」である。

筆者も好きなアニソンはいくつもある。前奏なしに始まるエネルギッシュな『ソードアート・オンラインII』のオープニング「IGNITE」（藍井エイル）や「魂の色は、何色ですか」という印象的な歌詞から始まる『ソードアート・オンラインアリシゼーション War of Underworld』の「ANIMA」（ReoNa）も好きだが、やはり特別なのは『機動戦士Zガンダム』の後半のオープニング曲「水の星へ愛をこめて」（森口博子）であろうか。悲しみを匂わせながらも軽快なこの曲は、何度聴いても飽きがくることがない。この曲のシングルレコードは、中学生の私が最初にお小遣いで買ったレコードでもある。

4．自己と他者の関係――『新世紀エヴァンゲリオン』

⑴ 作品の流れ

人気アニメ作品の多くには複数の流れがあるが、『新世紀エヴァンゲリオン』も例外ではない。1つが、1995年に始まったテレビ放送からの流れである。これはテレビ版26話では完結せず、『新世紀エヴァンゲリオン劇場版 シト新生』（1997年）を経て『新世紀エヴァンゲリオン劇場版 Air/まごころを、君に』（1997年）で完結する。もう1つが、ストーリーも大きく手直しされた新劇場版のシリーズであり、2007年に公開された『ヱヴァンゲリヲン新劇場版：序』に始まり、『ヱヴァンゲリヲン新劇場版：破』（2009年）、『ヱヴァンゲリヲン新劇場版：Q』（2012年）を経て『シン・エヴァンゲリオン劇場版』（2021年）で完結する。

いずれも、西暦2000年に起こったとされる「セカンドインパクト」によって地球人類の半数が死に絶えた後の世界の人々の生き様を描いた、ポスト終末論をテーマとしたアニメである。主役メカは「エヴァンゲリオン」という「汎用人型決戦兵器」と呼称される巨大な人型機動兵器である。エヴァンゲリオンを運用するのは特務機関NERVという組織である。NERVの本部は日本の芦ノ湖の湖畔の第3

新東京市にあり、地下の空洞に幽閉されている巨大な人型の生物を防護している。

これは物語途中までは第1使徒アダムとされていたが、実際には第2使徒リリスだったことが途中で明かされる。NERVが戦う相手は使徒という謎の生命体である。多くの場合は巨大怪獣のような形態をしているが、第11使徒イロウルのようにコンピュータハッキング能力を持つ微生物のような使徒もいる。使徒がNERV地下に幽閉されている巨人と接触した場合、「サードインパクト」が発生して人類が滅亡するとされており、エヴァンゲリオンで使徒を倒して接触を阻止するかたちで中盤までのストーリーは展開する。使徒はATフィールドという非常に強力なバリアを展開しており、核兵器に相当するN2爆雷で攻撃されても致命傷を負わすことができない。使徒は同じくATフィールドを展開できるエヴァンゲリオンによってしか倒すことができないのである。また、理由は明らかにされないがエヴァンゲリオンは14歳の少年少女しか操縦できないため、NERVの葛城ミサト三佐の指揮の下、碇シンジをはじめとする中学生が搭乗して戦う。

（2）少年少女の「成長」：父と母と子の物語

少年少女が戦いに巻き込まれるのは、ガンダムシリーズをはじめSFアニメではしばしば見られる設定であり、戦いを通じて成長し「大人」になっていく姿が描かれる。『機動戦士ガンダム』のアムロが典型であろう。アムロは成り行きでガンダムに乗り込み、戦う目的を時に見失い、ホワイトベースを脱走までするが、大人たちとの出会いと別れを通じて成長し、最後はニュータイプとして「人の革新」を具現化する存在までに至る。

オリジナルのエヴァンゲリオンシリーズの特異な点は、戦いに巻き込まれる少年少女が、単純に「大人」になっていくわけではないことである。エヴァンゲリオン零号機のパイロットである綾波レイはクローン人間であり、感情の動きをほとんど見せない。弐号機のパイロットの惣流・アスカ・ラングレーはテレビ版の物語終盤では戦う意欲を失う。劇場版『Air/まごころを、君に』の序盤で、弐号機に自分の母親の魂が封じ込められていたことに気付き、再び戦いに身を投じるが、エヴァンゲリオン量産機に無残な敗北を喫する。主人公でありエヴァンゲリオン初号機のパイロットである碇シンジは、物語中盤でこそ高い戦意を見せるが、テレビ版終盤に、友人になれたと感じた渚カヲルが実は第17使徒タブリスであり、それを自分の手で倒したことから戦う意欲を失い、劇場版『Air/まごころを、君に』ではしばらくエヴァンゲリオンに搭乗さえせず、搭乗しても戦わない。

この点は新劇場版では大きく変更されている。最初の劇場版である『序』ではオリジナル版とほとんど違いはないが、2作目の『破』では、オリジナル版ではほとんど感情の動きを見せなかった綾波レイが、碇シンジと父親の碇ゲンドウの仲を取り持とうと食事会を企画するなど、はるかに人間性を感じさせるキャラクターとして描かれる。ただし、オリジナル版と同様に使徒との戦いで姿を消してしまう。人間らしさを強く感じさせる描写の後であっただけに、オリジナル版よりも衝撃を強く感じさせる場面であった。

惣流・アスカ・ラングレーは式波・アスカ・ラングレーという名で登場するが、オリジナル版のように戦意を失う場面はない。むしろ『Q』で現れたときには、14年の間封印されて時を止めていた碇シンジに対して「大人」を感じさせるキャラクターとして登場する。『シン・エヴァンゲリオン劇場版』（2021年）では姿はお互い14歳のままだが、『破』と『Q』の間で時間が凍結されていたシンジよりも14年分余計に時間を過ごし、精神的には28歳になっているアスカが、「あの頃はシンジのこと好きだったんだと思う。でも、私が先に大人になっちゃった」とシンジに語りかけ、人間としての成長をみせる。

碇シンジは、『破』の終盤で「ニアサードインパクト」を引き起こし、『Q』でも「フォースインパクト」を引き起こす寸前に至ったことから、オリジナル版の終盤と同様に戦意を完全に失ってしまう。しかし、「ニアサードインパクト」後の世界でも、14年分の年をとった友人たちがなんとか生き抜いていく姿を目の当たりにしながら、シンジは戦意を取り戻す。それどころか、父親のゲンドウと対決し、「力で勝負するんじゃない。話をするんだ」と言って対等に会話を始める。オリジナル版では目を合わせた会話をほとんどしなかった父親とである。また、母親の碇ユイとも言葉を交わす。

このあたりの描写が、オリジナル版と新劇場版とでは大きく異なる。オリジナル版は、母親が消え、父親が責任を放棄し、息子は大人になることを拒絶する物語だった。それが人気の1つの源だったのかもしれないが、新劇場版は、最後の『シン・エヴァンゲリオン』で父と息子と母の物語として完結する。エヴァンゲリオンシリーズの私小説性はつとに指摘されるところであるが、オリジナル版が、少年少女が「大人にならない」物語だったとするならば、新劇場版は多くのSFアニメと同じように、少年が親を乗り越えて「大人になる」物語なのである。

(3) エヴァンゲリオンシリーズにおける戦い

オリジナル版も新劇場版も、戦いということでいえば使徒との戦いから幕を開ける。使徒はある種の超生物であり、核兵器（劇中ではN2爆雷などと呼称）を含む通常の兵器ではほとんど効果がない。ATフィールドというバリアを展開できる使徒を倒せるのは、同じくATフィールドを展開させてそれを中和できるエヴァンゲリオンしかなかった。

とはいえ、NERVのエヴァンゲリオンは物語初期では2体、最大時でも同時に戦闘に投入できたのは3体しかなかったため、使徒と戦うときはエヴァンゲリオンを戦略自衛隊などの通常の軍事力と連携させることも見られた。第3使徒サキエル襲来時は、途中まで使用可能なエヴァンゲリオンが1体もなかったため、戦略自衛隊が迎撃の任に就き大損害を出す。第5使徒ラミエルとの戦いでは戦略自衛隊技術研究所で開発中だった大出力の陽電子砲を徴発し、日本全体の電力を集約してエヴァンゲリオンで狙撃する「ヤシマ作戦」を実行する。第6使徒ガギエルとの戦いでは、ニミッツ級原子力空母、アドミラル・クズネツォフ級空母、アーレイ・バーク級イージス駆逐艦、アイオワ級戦艦などが登場する。

この戦いの相手は地球人類でも宇宙人でもない。敵とされる使徒は外見的には怪獣のようにも見え、複数の使徒が同時に出現して襲撃してくることがないことも相まって、どちらかというと、リアルロボットアニメというよりも、各話ごとに異なる怪獣が出現するウルトラマンシリーズのような特撮番組に近い構成である。その意味で、エヴァンゲリオンシリーズは、戦争というより、セカンドインパクトによって人類が半減したポスト終末論の世界で、さらにサードインパクトの恐怖にさらされながらも生き抜いていこうとする人間たちの闘いの姿を描いた作品だといえる。

オリジナル版でも新劇場版でも、物語の途中で使徒がすべて倒され、戦いの位相が変わっていく。オリジナル版ではＮＥＲＶに対して戦略自衛隊が攻撃をかける。新劇場版ではＮＥＲＶとヴィレの戦いが繰り広げられる。それは、生命体としての人類が目指すべき姿をめぐる戦いであった。

（４）人類補完計画：自己と他者の関係

エヴァンゲリオンシリーズの中で重要なカギとなる謎が「人類補完計画」である。「人類補完計画」は、物語の序盤から存在のみ明らかにされるが、その詳細は不明のまま終盤に至る。そこで明らかになるのは、人類もATフィールドを持っていることであった。戦闘で敵の攻撃を防ぐバリアーだけでなく、個々の生命体が自我を形成する境界もまたATフィールドであることが明らかにされるのである。「人類補完計画」とは、「出来損ないの群体としてすでに行き詰まった人類を完全な単体としての生命に人工進化させる」ものであり、開始されてすぐ、強力なアンチATフィールドを展開して人間のATフィールドを中和する。そうなると人間は精神的にも物理的にも形態を維持できなくなり、LCLと呼ばれる太古の地球の「生命のスープ」と同様の液体へと還元されてしまう。そうすることで、人類を単体の生命として再生するというのが「人類補完計画」であった。

人間の個性を消し去ってしまうということでいえば、マクロスシリーズで描かれた人類の並列ネットワーク化との類似性をみることができる。『マクロスF』での、フォールドクォーツのインプラント化による全人類の並列ネットワーク化を、主唱者にして首謀者であるグレイス・オコナーが人類の「進化」と位置付けていたのは「人類補完計画」との共通性といえる。『マクロスΔ』の「星の歌い手」の力は、ロイド・ブレームによって、人類の「進化」というよりもウィンダミア王国が銀河系を支配するための手段として使われようとしたが、人間それぞれの精神的な個性を消し去ってしまうという意味で、「人類補完計画」と同様の効果をもたらす。大きな違いは、「人類補完計画」では、精神的のみならず物理的にも1つの生命体にしてしまうことである。マクロスシリーズでは、人類は地球上だけでなく銀河系規模に拡大しているから物理的に1つの生命体にすることはそもそも不可能だが。

ところが、マクロスシリーズと同様にエヴァンゲリオンでも「人類補完計画」は目的を達せずに終わる。オリジナル版では、「人類補完計画」の依り代となった碇シンジが最後に他者の存在を望んだことで、人々の魂は個別性を取り戻す。新劇場版でも、ニアサードインパクトを経て多くの人々が消滅するが、『シン・エヴァンゲリオン劇場版』の最後の「ネオンジェネシス」によって世界が再構築され、テレビ版第26話の最後で、綾波レイがトーストをかじりながら学校に駆け込んでいく「世界の別の可能性」と同じように、元の世界に戻ったかのように多くの登場人物が普通に学生生活を送っているように見える場面で物語は幕を閉じる。

こうしてみると、ガンダムシリーズのニュータイプ論、マクロスシリーズの並列ネットワーク化、エヴァンゲリオンシリーズの「人類補完計画」のように、日本のSFアニメにおいては、戦争を舞台としながらも、自己と他者との関係が繰り返しテーマとして取り上げられていることがわかる。その1つの理由は他者との関係を意識し、悩み始める思春期の少年少女がアニメの主要な視聴者として想定されていることであろう。しかし、様々なクリエイターがそれに真正面から取り組んできたのは、単にマーケティング上の理由だけではないだろう。多くの文学作品が同様のテーマを扱っているように、自己と他者との関係というテーマは人間が生きる上で普遍性を持っている。最初のテレビ版が作られてから約25年後に、まったく違うかたちで親と子の関係を描写して新劇場版を完結させたエヴァンゲリオンシリーズは、思春期の少年少女だけでなく、それをあらためて親として見た人々の心にも深く残る作品となったのである。

特別対談

富野由悠季×高橋杉雄

SFアニメの中でどのように戦争が描かれてきたか。そして、現実世界で起こる戦争についてどう考えるべきか。アニメーション監督・富野由悠季氏と、国際政治学者でもある本書の著者が、お互いの立場から語り合った。

人間と人間の戦いを描くと戦争を意識せざるを得ない

高橋　私は安全保障を専門とする国際政治学者ですが、アニメを見るときと安全保障や戦争を考えるときとは脳のまったく別の細胞を使ってきました。アニメは仕事を離れて純粋に楽しみたいですから。ところが今回本を書くにあたり、初めて2つをクロスオーバーさせて考えてみました。

富野　巨大ロボットアニメは、戦争を回避すると物語自体が成立しません。映像作品、特に劇場版はメッセージ性は持っています。ただし、アニメは大衆娯楽。一種の軽さがあってこそのエンターテインメントです。細かいことを語るよりも、メッセージを伝えることが重要だと僕は考えています。高橋さんは作品に本当の戦争を描いてほしいのかもしれませんが、それは望みすぎている気がします。

高橋　本文では書いているのですが、私はアニメがエンターテインメントとしての創作である以上、学術的に正しいかたちで戦争を描く必要はないと思います。ただ、受け取り手の中に「これが本当の戦争だ」と思う人がいるかもしれないことを考えると、描き方に気をつけたほうがいいとは思います。

富野　アニメだからこそ戦争が描けると考えたことはないんですよ。自分から戦争を描こうと思ったこともありません。ガンダム以前の巨大ロボットアニメの主人公の敵はほとんど宇宙人でしたでしょ？

高橋　アニメや特撮作品は〝地球人VS宇宙からの侵略者〟という構図でしたね。

富野　ところが、うっかりと言ったら不謹慎かもしれませんが、地球の人口が飽和状態になって、〝地球から追い出される側VS地球から追い出す側〟〝独立を目指す側VS独立を許さない側〟つまり〝人間VS人間〟でガンダムを構想した。そんないきさつで戦争を描いていったわけです。

高橋　アニメファンの側からすると、主人公の敵が宇宙人ではなく人間であることは、当時とても革命的でした。

富野　まず宇宙に住むならラグランジュ・ポ

イントになるだろうと考えました。今は5つだそうですが当時は7つあると考えられていたので、そこにスペース・コロニーを置く。そして人間に統治できる範囲を考えて、一番遠い月の裏側のコロニーが独立に向かう、地球は反対する、中間のコロニーは中立、というプロセスで大まかに戦争のイメージを作りました。

高橋 人間同士の戦いにした時点で、戦争の背景をある程度現実的に考えなくてはいけなくなるわけですね。

富野 ご承知のようにガンダムは玩具のメーカーがスポンサーですから、巨大ロボットによる戦闘ありきでスタートしています。ロボットを戦わせる空間をイメージしたら、宇宙が動きやすい。

ただ、広大な宇宙を舞台にするとなると、最低でもそこで1週間以上は生活できるコックピットを考える必要があります。また、1つの画面の中に敵味方がいる画を見せたい。画面の中で遠くの目標に向けてミサイルを発射しても、命中したかどうかはわかりません。そのためにミノフスキー粒子という架空の物質を考えました。

高橋 なるほど、よくわかります。

富野 これを散布すると、そのエリアでは電波が遮断されます。あとビーム・サーベルという兵器を考えて、僕は思う存分チャンバラのシーンを展開できました。展開や戦争の構図は19世紀のアメリカの南北戦争をヒントにしています。

高橋 アニメと戦争ということでいえば、ガンダムでは地球連邦の政策決定がまったく描かれていませんね。ジオンは多少描かれているのですが。

富野 その理由を打ち明けますと、単純です。そこまで描く時間的な余裕がありませんでした。この物語を作ることになってから、戦争論に足を踏み入れたり、多少は政治的なことも考えたりしなくてはいけなくなりましたからね。

高橋 矛盾することを言いますが、ガンダムでは地球連邦の政治指導者の顔が見えない不気味さが、作品に恐ろしさをもたらしているとも感じています。

富野 僕は10年に一度くらいガンダムを見直しているんですよ。映像ソフトがニューバージョンになるので、その都度見ています。それで最近になって、地球連邦の内部を描かないでよかったと強く思うようになりましたね。地球連邦が民意に支えられたポピュリズムであるからです。

高橋 地球連邦は宇宙移民者の自治を戦争までして阻止するわけですから、恐ろしい民意です。まさにポピュリズムですね。

富野 本物の戦争って、物語よりもずっと泥臭いですよね。政治も泥臭い。だから、古来、哲学者が政治をつかさどることなどほとんどなかったはずです。現実は、頭の中で描いている理想のようにはならないからです。現実の政治は、ストーリーで語るものではなく、実行するものだからです。

『伝説巨神イデオン』のラストは『2001年宇宙の旅』を意識

高橋　僕はガンダムをくり返し見てきましたが、今回富野監督と対談させていただくことになり、アニメファンの間で伝説化されている作品『伝説巨神イデオン』も久しぶりに見ました。ガンダムとイデオ

ンは対照的な作品ではありませんか。

富野　高橋さんのそのご指摘はよく理解できます。結末を見れば、そう思われるのも無理はないのですが、この2作、実は対照的とも言い切れません。

高橋　地球人が宇宙へ移住する設定は同じですが、ガンダムが人間VS人間であるのに対し、イデオンは異星人との戦争ですよね。富野監督のおっしゃる通り、結末は反対であるように思えました。

富野　イデオンは、ガンダムが終わった直後にスタートした巨大ロボットアニメでした。スポンサーやテレビ局からは、ガンダムと同等レベルの成功を求められました。ところが、僕自身は苦しみました。ガンダムを超えるテーゼや理想をなかなか掲げられなかった

からです。それでも、作品として作り上げなくてはいけません。

高橋　イデオンはテレビシリーズでは明確には終わらずに、劇場版の公開によって結末を迎えましたね。

富野　それはテレビシリーズが打ち切りになったので、劇場版でエンディングを作ることになったからです。ガンダムのあれだけの成功の後、イデオンで何ができるだろうかとは、あのときは考え抜きましたよ。

高橋　何がキーになりましたか。

富野　アニメは子どもが見ることが前提です。だから、絶対に絶望を描きたくありません。うそでもいいから、希望のある作品に仕上げたいと、そこはブレませんでした。でも、テレビシリーズではすでに、イデオンというとんでもない巨大ロボットの戦闘が展開していました。その流れで、登場人物が全滅するシナリオはあったのですが、全滅の後に希望を見せられないだろうか、と。

高橋　難題ですね。

富野　考えた結果、知的生命体が絶滅した後の再生をでっちあげました。ほかの方法が思いつかなかったのです。

高橋　それがあの戦争で全滅した後に続くラストだったわけですね。

富野　ちょっと乱暴な言い方をしてしまいますが、登場人物を皆殺しにした上で、オールヌードのシーンを展開したわけで、アニメーターたちの了解は取り付けました。

高橋　見た人たちからのリアクションはいかがでしたか。

富野　僕自身は、あのラストシーンは絶対に世間の顰蹙を買うと思っていました。全裸シーンですから。反感を覚悟してコンテを切っていました。描きながら、苦しくて気がおかしくなりそうでした。

高橋　監督がそこまで自分を追い込まれたからこそ、イデオンはアニメ史に残る作品になったのでしょうね。

富野　このまま意識を失って死んじゃうんじゃないかと本気で感じましてね。でも、今でもよく覚えていますが、ヌードのコンテを切っている過程で、心が回復してきたんです。元気になってきた。

高橋　再生のシーンだからでしょうか。

富野　結局、たとえ物語の中だったとしても、次世代が生まれる手がかりを実感としてつかめたら、人は生きていかれるのかもしれません。自分が死なない実感を持てたんです。すると野心も生まれてきた。

高橋　野心というと？

富野　あのシーンについて、ひとつ種明かしをしましょう。イデオンの結末、つまり劇場版の『伝説巨神イデオン　発動篇』のラストシーンは、スタンリー・キューブリック監督の『2001年宇宙の旅』へのオマージュです。主人公のコスモをはじめ死んでいったキャラクターたちは、宇宙のどこかに生まれた新しい地球に住む生命体としてよみがえる。

高橋 なるほど。パイパー・ルウ(作中で重要な役割をする赤ん坊のキャラクター)が、みんなをメシアのもとにいざなうあのラストシーンはキューブリックでしたか。言われてみると、いろいろとつじつまが合いますね。

富野 赤ん坊、モノリスのように飛ぶ光、大宇宙……。わかりますでしょ。ただ、荒々しい海はいい映像がなかなか見つからなくて、粗い素材を使わざるを得ませんでした。それでも『2001年宇宙の旅』を超える、という野心を総動員して完成させました。パイパー・ルウがメシアの導く新しい星へといざなう意味は、子どもにも理解できると思いました。あのシーンを作ることができたから、今でもイデオンは自分でも気に入っている作品のひとつです。ただ、作画が終わったとき、僕は怒り狂いました。

高橋 それはおだやかではありませんね。

富野 パイパー・ルウが飛んできてアップになるシーンの作画に満足できなかったのです。

高橋 描き直しましたか?

富野 アニメーターが「スケジュールがありません。公開までに間に合いません」

と言って。それを言われたら、こちらは従わざるをえません。僕のほうが泣きました。さらに、最後に子どもたちがメシアのために歌いますでしょ。

高橋 「ハッピーバースデートゥユー」ですね。

富野 最終のアフレコのときに「あの歌を挿入するのは理解できない」「歌いたくない」と、何人かの声優が僕に言ってきました。一時間くらいもめました。「あの歌はやめてください」「やめない」と。でも、代案はありません。もっといい歌なんてないんです。こちらのケースでは、声優に泣いてもらい、あのシーンになりました。

高橋 イデオンのエンディングでは紆余曲折、試行錯誤があったわけですね。

富野 大げさな言い方をさせてもらうと、僕としてはかなり命がけでやりました。ガンダムを終えたばかりに、それ以上の作品を作れ、というのはかなり無理難題でしたよ。イデオンとガンダムは直結した物語として見ていただきたい。続けて見ると、ガンダムのほうがリアルな戦争が描かれていると思います。イデオンのほうはイマジネーションの世界。言ってみれば絵空事です。でもね、だからこそ、キャラクターが死ぬシーンは、かなりリアルな描写

を意識しました。

高橋 イデオンとガンダムでは死に方の描写が大きく違いますよね。

富野 アニメファンの間で僕は〝皆殺しの富野〟と言われているらしいけれど、のべつくまなく登場人物が死んでいるわけではありません。リアルが必要な作品に限ってやっています。死の場面や戦闘をはじめ、リアルなシーンを展開するときは、映倫のチェックを覚悟していました。戦闘や死の場面については、そこをカットしても物語が成立するように計算して作ってはいます。でも、映倫を通過したんですよ。あの人たちがアニメを軽視しているからではないかと、少し思いましたけれど。

高橋 イデオンからは、強いエネルギーを感じます。あの時代の作品を見直してみると、作画はもちろん古さを感じるのですが、画面全体から伝わってくる力が強い。

富野 確かに力はありますね。丁寧に描いたからというだけではなく、アートなんですよ。イデオンのメイン・アニメーターはガンダムよりもアーティスティックなタイプです。彼はいわゆる漫画家とは違う資質を持っています。だから、キャラクターの骨格の捉

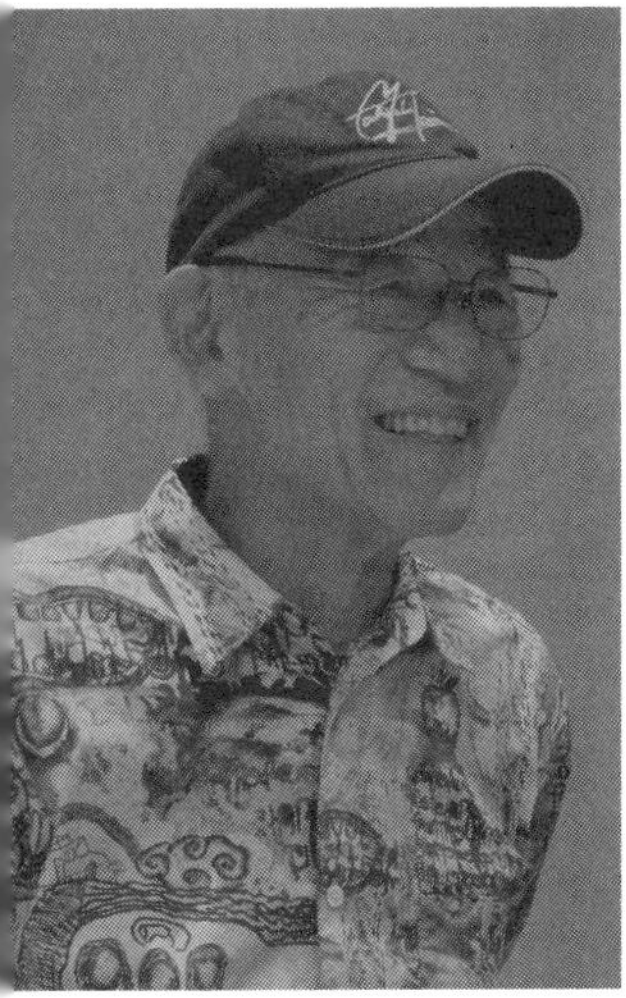

え方がイデオンのほうがはるかにリアルなんです。

戦争なんかやっていられる時代ではないはず

高橋 ウクライナやガザを見ていて、「現実は創作を上回る」とお感じになりましたでしょうか？　あるいは逆に「現実は創作よりも単純だった」とお感じになったでしょうか？

富野 現実が創作を上回るとは感じませんでしたね。むしろここまで単純に戦争が始まるのかと驚きました。21世紀はもう戦争なんかやっていられる時代じゃないはずです。このまま人類すべてが先進国のような生活を送れば、人口が減りでもしない限り地球がもたない。戦争なんかしないで、どうすれば環境負荷を下げることができるかを人類みなが真剣に考えるべき時代に突入しているのです。

高橋 その通りです。しかし、すべての人間は生きている場所に縛られますから、国家がなくなることは考えられません。国家がある限り、それを統べる超国家的な権威が生まれない限り、残念ながら戦争はなくならないでしょう。

富野 それは理解できませんね。今は戦争なんかやっているときじゃないでしょう？

高橋 仮に環境負荷を大きく下げるような合意ができたとしても、国によって勝ち組と負け組ができてしまうので、対立は避けられないというのが国際政治学的な予測になります。それでも戦争は防がなければならない。マックス・ウェーバーという人が、「政治とは、情熱と判断力の2つを駆使しながら、堅い板に力を込めてじわっじわっと穴をくりぬいていく作業である」と言ったのですが、戦争を防ぐ営みも同じです。平凡な人たちが、板に穴をくりぬいていく努力を積み重ねて戦争を防いでいくしかないのです。

富野　それにしても、ガンダムのファンとか、巨大ロボットアニメが好きな評論家とは、こういう話をしたことはないですね。ましてや、自分の手がけた作品を題材に戦争に関する質問をされたことはありません。たいがいは終始モビルスーツの話ですよ。

高橋　富野さんは、子ども向けのアニメは絶望論に陥ってはいけないとおっしゃいました。その通りだと思います。一方、国際政治学は時に絶望的な見通しを示します。だからこそ、クリエイターのお仕事が必要なのだと思います。世界の絶望にたいまつを灯すような。これからもお願いします。

富野　みんなそうやってクリエイターに責任を押し付けて（笑）。

富野由悠季

1941年生まれ。アニメーション監督、演出家、作家。64年に虫プロダクション入社、『鉄腕アトム』の演出を担当。72年には『海のトリトン』で初の監督を務め、その後、数々のロボットアニメを手がける。大ヒット作となる『機動戦士ガンダム』（79年）をはじめ、主な監督作品に『伝説巨神イデオン』（80年）、『戦闘メカ ザブングル』（82年）など多数。

あとがき

２０２２年２月にロシア・ウクライナ戦争が始まって以来、数多くのテレビ番組に出演させていただいた筆者だが、２０２３年８月から防衛省防衛政策局に併任して現実の政策に直接関わる業務を始めたことで、国際政治に関するメディアでの発言を一切取りやめた。それ以来、学者というより役人として日々の仕事をこなしているわけだが、『日本人が知っておくべき自衛隊と国防のこと』を刊行させて頂いた辰巳出版より、「ＳＦアニメと戦争」をテーマに新著を出版しないかというご提案を頂いた。筆者のＸをご覧になっている読者はご存じのことと思うが、今の筆者は、職務と関わりのないアニメやスポーツ、あるいはスイーツについての発言はしてもよいことになっている。そのような立場からいえば夢のようなご提案で、一も二もなくお受けさせて頂いた。

しかし、実際に執筆のための作業を始めてみると、日本のＳＦアニメの幅広さと奥行きに改めて圧倒された。まずはいくつかの作品を見返さなければならないし、未見の作品もきちんと見ておかなければならない。宇宙戦艦ヤマトシリーズはリメイク版のおかげでオリジナルシリーズを含めて最近しばしば見る機会があったし、ガンダムの宇宙世紀シリーズやマクロスシリーズのようにずっと繰り返し見続けている作品もあるが、子どもの頃以来見ていない作品もある。そのため、２０２３年冬以来、『機動戦士ガンダム00』『機動戦士ガンダムSEED』『機動戦士ガンダムSEED DESTINY』『機動戦士ガンダム 水星の魔女』『伝説巨神イデオン』『太陽の牙ダグラム』をほぼ通しで視聴した。ほかの何度も見ている作品についても、本で書くからには見直さなければならなかった。

今はオンラインの配信サービスが発達しているから、多くの作品をスマホで見ることができる。特にバンダイチャンネルとアマゾンプライムなしでは、これらの作品を限られた時間で見ることはできなかった。配信されていない作品もあったが、自分で録画して保存していたものを見つけ出し、なんとか必要な作品はすべて見ることができた。そうやって様々なアニメ作品を見るのと並行して、ウォルツやティリーの著書も読み返さなければならなかった。米国の友人に「アニメの本を書くためにウォルツとティリーの本を読み直している」と話して呆れられたこともある。

これらの作業はすべて勤務時間外にやらなければならないから、知的に刺激的ではあったが厳しくもあり、出版のご提案をお引き受けしたことを後悔したこともある。執筆に予想以上に時間を要し、プランリンクの近江聖香さんと辰巳出版の廣瀬祐志さんには大変なご迷惑をおかけした。

しかしながら、日本のSFアニメという巨大なエンターテインメントの体系を、自分の専門である国際政治学という切り口から俯瞰的に見渡したのは貴重な経験であった。実はその手がかりとなったのは、昨年のテレビ朝日『サンデーステーション』での富野由悠季監督との対談だった。このとき、富野監督が「子ども向けのアニメで絶望論に陥ってはいけない」とおっしゃった言葉が、本書を執筆する上での起点となった。国際政治学は「希望」や「絶望」とは一歩距離を置いて世界を見つめなければならないのだが、このときにSFアニメと国際政治学の間に明確な立ち位置の違いがあることを確認でき、考察のフレームができあがった。本書でもあらためて富野監督との対談の機会を頂き、この点についてさらに議論を深めることができたのは望外の喜びであった。

現在の日本のアニメは、「子ども向け」というジャンルにとどまるものではなく、日本のみならず世界中にファンがいる。この点については印象的な経験がある。

10年ほど前だったか。アメリカのネブラスカ州オマハで米軍の戦略軍が主催する核抑止の会議にパネリストとして招聘され、シカゴで乗り継いでオマハに向かっていたときのことだ。機内は戦闘服を着た米兵でいっぱいだった。当時の米軍はイラクとアフガニスタンに多数の部隊を展開させていたから、派遣部隊の帰国便と重なったのだろう。筆者はそのフライトの中で『ソードアート・オンライン』を見ていたのだが、少しして隣の米兵が話しかけてきた。正直面倒に思いつつ、イヤホンを外して顔を向けると、「日本人か？ 自分は日本のアニメが大好きなんだ」と言った。彼は一目で『ソードアート・オンライン』だとわかったそうで、ほかにもガンダムシリーズやエヴァンゲリオンはもちろん、『魔法少女まどか☆マギカ』や『PSYCHO-PASS サイコパス』などが好きとのことだった。

そのあたりのアニメの話で一通り盛り上がってから、彼は感極まるように言った。「自分は戦場に6ヶ月派遣されていた。戦場にいる間、アニメの話をしたいとずっと願っていたから、今それが叶ってうれしい。今日の会話のために生き残ったとさえ思える」と。そして、「これまで日本に行ったことがないから、なんとかして死なずに帰国し、その間に貯めた給料で秋葉原に旅行することだけを戦場で考えていた」と。

これは国際政治学者としても、アニメファンとしても忘れられない出会いだった。ウクライナの戦場でも綾波レイのワッペンを付けている兵士がいるようだ。これらのエピソードが物語るのは、今の日本のアニメは、戦地の兵士に希望を持たせるほどの力があるということである。

これほどの力を持つコンテンツを作り出した日本のクリエイターたちに心からの敬意と感謝を込めつつ、筆をおくこととしたい。また新たな作品で新たな感動に出会えることを信じて。

２０２４年7月12日　高橋杉雄

高橋杉雄
たかはし　すぎお

防衛省のシンクタンクである防衛研究所防衛政策研究室長。早稲田大学大学院政治学研究科修士課程修了。専門は国際安全保障、現代軍事戦略論、核抑止論、日米関係論。日本の防衛政策を中心に研究・発信する、我が国きっての第一人者。ウクライナ戦争勃発以降、テレビをはじめとした様々なメディアで日々解説を行っていた。プライベートでは熱心なサッカーファンとしても知られ、日本代表はもちろん、川崎フロンターレの 20 数年来のサポーターでもある。また、大のスイーツ好きという顔も持ち、自家製ジャムを作ったり、スイーツ写真を Twitter に投稿したりといった一面も。

編集・デザイン　近江聖香 (Plan Link)
カバーデザイン　櫻田渉
編集協力　大塚愛
企画・構成　廣瀬祐志

SFアニメと戦争

2024 年 9 月 10 日　初版第 1 刷発行

著者　高橋杉雄
発行人　廣瀬和二
発行所　辰巳出版株式会社
〒 113-0033 東京都文京区本郷 1 丁目 33 番 13 号 春日町ビル 5F
TEL 03-5931-5920（代表）
FAX 03-6386-3087（販売部）
URL http://www.TG-NET.co.jp/

印刷・製本　中央精版印刷株式会社

本書の内容に関するお問い合わせは、
お問い合わせフォーム (info@TG-NET.co.jp) にて承ります。
電話によるご連絡はお受けしておりません。

定価はカバーに表示してあります。

万一にも落丁、乱丁のある場合は、送料小社負担にてお取り替えいたします。
小社販売部までご連絡下さい。

Printed in Japan
ISBN978-4-7778-3166-1